本书出版受到以下资助：

1. 教育部人文社会科学研究青年基金项目：土地流转、职业流动与农民工市民化区域差异研究（批准号：15YJC790069）。该项目在前期调研及准备阶段获得了浙江省高校人文社科重点研究基地浙江工商大学应用经济学研究基地相应资金支持。

2. 国家自然科学基金项目：住房政策对劳动力迁移的影响机制及政策模拟：基于获取能力的视角（批准号：71273235）。

职业流动视角下的
收入决定研究

吕晓兰 著

Study on Earnings Determination by the Perspective of Job Mobility

中国社会科学出版社

图书在版编目（CIP）数据

职业流动视角下的收入决定研究/吕晓兰著 .—北京：中国社会科学出版社，2016.2

ISBN 978 - 7 - 5161 - 7096 - 0

Ⅰ.①职… Ⅱ.①吕… Ⅲ.①收入差距 - 研究 Ⅳ.①F014.4

中国版本图书馆 CIP 数据核字（2015）第 274555 号

出 版 人	赵剑英
责任编辑	侯苗苗
责任校对	张 英
责任印制	王 超

出　　版	中国社会科学出版社
社　　址	北京鼓楼西大街甲 158 号
邮　　编	100720
网　　址	http://www.csspw.cn
发 行 部	010 - 84083685
门 市 部	010 - 84029450
经　　销	新华书店及其他书店
印　　刷	北京明恒达印务有限公司
装　　订	廊坊市广阳区广增装订厂
版　　次	2016 年 2 月第 1 版
印　　次	2016 年 2 月第 1 次印刷
开　　本	710 × 1000　1/16
印　　张	13
插　　页	2
字　　数	220 千字
定　　价	46.00 元

凡购买中国社会科学出版社图书，如有质量问题请与本社营销中心联系调换
电话：010 - 84083683
版权所有　侵权必究

前　言

改革开放 30 多年来，随着我国劳动力市场的不断发育与整合，职业流动已成为常见的现象。这从"下海潮"、"下岗、再就业"、"农民工候鸟式流动"、"辞职"、"跳槽"等一系列的流动事实中可见一斑。职业流动对劳动者的收入决定究竟有何影响尚需进行深入研究。本书旨在从职业流动的视角分析收入决定问题，试图回答的问题是：职业流动是否对收入决定具有重要的影响作用？不同的劳动力市场条件下是否具有差异性？据此，本书在客观描述职业流动的类型、理论分析职业流动的收入决定机理的基础上，运用劳动力市场分割理论和新古典理论，分别以城镇居民和农民工两大群体为研究对象，通过构建计量模型、统计描述和实证分析，以考察不同劳动力市场条件下职业流动对收入决定的影响作用。依据研究目的，本书主要进行以下典型研究：（1）主要劳动力市场中的职业流动与收入决定，着重对职业流动与行业收入决定差异进行分析；（2）次要劳动力市场中的职业流动与收入决定，着重对农民工职业流动与其收入增长、性别工资差异及代际差异趋势进行分析。

通过研究，本书得到以下结论：职业流动对收入决定具有重要的影响作用，但在不同的劳动力市场条件下对收入决定的影响作用存在明显差异。行业分割使职业流动对处于不同行业劳动者收入获得的影响作用受到显著扭曲；而竞争充分的市场条件会让职业流动优化劳动力资源配置的作用得以凸显。

具体可体现为以下两方面：

（1）以普遍关心的行业结构性差异来分析城镇居民的收入决定问题，我们发现行业之间的职业流动表现出不对称和受抑制的特征，国有垄断部门与其他部门间存在明显的体制性分割特征；垄断因素本身对行业收入决定的关键性作用需要借助所有制因素及其与经济政策相互渗透而产生的体制性流动障碍才得以发挥；职业流动无法起到很好的缩小行业间收入差距的应有作用。

（2）以农民工的流动问题研究其收入决定，我们发现农民工的职业流动具有流动频繁且以"迁移型职业流动"为主要形式的特征；农民工在其所处的城市次要劳动力市场内的职业流动行为及其经济后果吻合职业匹配模型与工作搜寻模型对于职业流动与收入增长关系的理论假说；"迁移型职业流动"是农民工规避职业内收入增长机制缺失而带来的人力资本回报在一个城市（地区）定格化的有效方式。但是户籍的人为限制，使农民工的职业流动具有追求即期工资收入最大化的"短视化"色彩，且女性农民工通过主动职业流动并未获得与男性农民工相同的收入提升。在从"民工潮"到"民工荒"较长的时间段里，本书从"代际"视角和"时点"视角进行比较分析，发现农民工在城市劳动力市场上所具有的较为频繁的职业流动这一特征，并没有随时间的推移而发生本质的改变，两代农民工依赖职业流动来提升其收入水平的这一特征也没有明显改变。

本书的政策启示是：（1）提高劳动者的收入水平，尤其是增加其工资性收入水平、消除居民间的收入差距，离不开职业流动对于劳动力资源优化配置作用的进一步发挥。因此，改变职业流动不平等的诱因很重要，而实现这一点必须制度先行。其中，缩小社会保障和福利待遇在不同群体之间的差距无疑是消除职业流动障碍的必由之路。（2）针对农民工逐步建立、完善的长期有效的职业内收入增长机制，使其经验积累得到有效回报，努力实现同城待遇，提高农民工的就业质量并关注农民工平等的劳动权利将有助于缓解农民工频繁流动的现状，最终实现适度流动，稳定就业。（3）我们认为，在关注职业流动对劳动者的收入决定作用时，不应忽视性别异质性问题。尤其是农民工的性别差异问题应该得到长期关注，以确保女性农民工免受城市融入和性别问题的双重歧视。同时，我们也不应因为新一代农民工在城市中的发展与市民化问题的紧迫性，而淡化对第一代农民工在城市中生存和工作问题的关注。

从研究的视角和分析论证的方法看，本书具有以下价值和贡献：首先，从职业流动障碍角度而非单纯收入差异方面检验了行业的分割状况及特征，在此基础上，重点比较分析了职业流动对各行业及行业内子市场收入决定的不同影响作用，与以往研究相比提供了新的分析视角。其次，区分"当地型职业流动"与"迁移型职业流动"，构建适宜的收入增长模型，对农民工职业流动行为及频繁流动的经济动因，从理论层面和实证层面给予了翔实的解释。最后，依据职业流动背后的具体动机，对职业流动类型进行合理区分，并采用多层模型回归分析与比较，以保证不同性别、不同类型职业流动的收入效应得到更为准确的估算。

目 录

第一篇 导论

第一章 导论 ………………………………………………………… 3

第一节 研究背景与意义 ………………………………………… 3
  一 研究背景与问题 …………………………………………… 3
  二 研究意义 …………………………………………………… 5
第二节 职业流动概念解释与界定 ……………………………… 7
第三节 研究内容与思路 ………………………………………… 9
第四节 研究方法与手段 ………………………………………… 13
第五节 研究价值与创新 ………………………………………… 14

第二篇 研究综述与职业流动及其收入效应理论分析

第二章 国内外研究综述 …………………………………………… 19

第一节 职业流动与收入增长相关理论研究 …………………… 19
  一 流动者—停留者模型 ……………………………………… 20
  二 人力资本模型 ……………………………………………… 20
  三 工作搜寻模型 ……………………………………………… 23
  四 职业匹配模型 ……………………………………………… 25
第二节 职业流动与分割劳动力市场的收入决定相关研究 …… 28
  一 劳动力市场分割理论及测度简要回顾 …………………… 29
  二 职业流动与分割劳动力市场的收入决定：国外研究 …… 33

三　职业流动与分割劳动力市场的收入决定：国内研究 …… 36
　第三节　职业流动与收入不平等相关研究 …………………… 45
　　一　职业流动与总体收入不平等 ……………………………… 46
　　二　职业流动与性别工资差异 ………………………………… 48
　　三　国内关于职业流动与收入不平等相关研究 ……………… 52
　第四节　现有研究述评与拓展方向 …………………………… 54

第三章　职业流动收入效应理论分析 ……………………………… 59
　第一节　我国劳动力市场的职业流动现象 …………………… 59
　　一　城镇户籍居民职业流动 …………………………………… 59
　　二　农民工职业流动及乡城流动关联分析 …………………… 62
　第二节　职业流动及其收入效应理论分析 …………………… 66
　　一　职业流动类型的划分 ……………………………………… 66
　　二　职业流动收入效应的理论分析 …………………………… 68

第三篇　主要劳动力市场中的职业流动与收入决定分析

第四章　职业流动与行业收入决定 ………………………………… 73
　第一节　数据说明与行业间职业流动统计分析 ……………… 74
　　一　数据说明 …………………………………………………… 74
　　二　样本描述与行业间职业流动特征统计分析 ……………… 75
　第二节　职业流动与行业分割判定 …………………………… 78
　　一　模型设定与变量说明 ……………………………………… 78
　　二　职业流动影响因素分析 …………………………………… 80
　　三　职业流动与行业分割判定实证分析 ……………………… 81
　第三节　职业流动与行业收入决定差异分析 ………………… 87
　　一　职业流动与行业收入决定差异初步探析 ………………… 87
　　二　实证方法介绍 ……………………………………………… 89
　　三　职业流动与垄断行业、竞争行业收入决定差异实证分析 … 90
　　四　职业流动与各行业内子市场收入决定差异实证分析 …… 93
　第四节　本章结论与启示 ……………………………………… 96

第四篇 次要劳动力市场中的职业流动及其收入效应分析

第五章 农民工职业流动与收入增长 …………………………… 101

第一节 农民工职业流动特征与收入增长初步分析 ………………… 102
一 农民工职业流动特征描述与样本数据说明 ………………… 102
二 职业流动与农民工收入增长初步分析 ……………………… 104
第二节 样本统计描述、模型设定与变量说明 ……………………… 105
一 样本统计描述 ………………………………………………… 105
二 模型设定与变量说明 ………………………………………… 109
第三节 职业流动与农民工收入增长决定因素实证分析 …………… 113
一 流动就业农民工的收入增长决定因素及差异分析 ………… 113
二 城市流动的收入增长效应分析 ……………………………… 116
第四节 本章结论与启示 ……………………………………………… 118

第六章 农民工职业流动与收入效应的性别差异 ……………… 121

第一节 问题的提出与初步分析及说明 ……………………………… 121
一 问题的提出 …………………………………………………… 121
二 初步分析及说明 ……………………………………………… 122
第二节 数据来源、模型构建与统计描述 …………………………… 125
一 数据来源、模型构建 ………………………………………… 125
二 样本概况与统计描述 ………………………………………… 128
第三节 职业流动收入效应的性别差异实证分析 …………………… 131
一 职业流动收入效应的性别差异多层模型分析 ……………… 131
二 在职搜寻工作的性别差异分析 ……………………………… 135
三 进一步的讨论 ………………………………………………… 137
第四节 本章结论与启示 ……………………………………………… 138

第七章 农民工职业流动与收入决定的代际差异与趋势 ……… 146

第一节 问题的提出 …………………………………………………… 147
第二节 理论分析与相关概念说明 …………………………………… 148

一　理论分析……………………………………………………148
　　二　相关概念说明………………………………………………149
第三节　数据说明、模型设计及统计描述………………………151
　　一　数据来源……………………………………………………151
　　二　模型设计与变量说明………………………………………151
　　三　统计描述与分析……………………………………………153
第四节　农民工职业流动的代际差异实证分析与讨论…………157
　　一　职业流动与收入决定的代际差异分析……………………157
　　二　职业流动与留城意愿的代际差异分析……………………160
第五节　本章结论及启示…………………………………………165

第五篇　结论

第八章　结论……………………………………………………169
第一节　主要研究结论……………………………………………170
第二节　政策启示与建议…………………………………………173
第三节　研究不足与展望…………………………………………175

参考文献………………………………………………………………177

后记……………………………………………………………………195

图表目录

图 1-1 研究思路与逻辑关系 ……………………………………… 12
表 3-1 2010—2014 年农民工规模 ………………………………… 65
表 3-2 2014 年外出农民工地区分布及构成 ……………………… 65
表 4-1 不同行业劳动力及工作特征统计描述（均值）………… 75
表 4-2 各行业不同类型的职业流动特征描述 …………………… 77
表 4-3 区分所有制性质的行业间职业流动：流动者 …………… 77
表 4-4 行业收入差距及伴随职业流动的收入水平变化估计结果 … 83
表 4-5 行业内各部门劳动者职业流动的收入水平变化估计 …… 84
表 4-6 垄断行业、竞争行业各部门职业流动影响
因素的 Probit 分析 ……………………………………… 85
表 4-7 不同类型职业流动对不同行业收入决定影响
作用的估计结果 ………………………………………… 91
表 4-8 职业流动对垄断行业内部各子市场收入决定
影响作用估计结果 ……………………………………… 94
表 4-9 职业流动对竞争行业内部各子市场收入决定影响
作用估计结果 …………………………………………… 95
表 5-1 职业流动与城市流动的关系及特征描述 ………………… 105
表 5-2 城市分布与具体城市流动特征描述 ……………………… 106
表 5-3 样本分布与年均收入增长比较 …………………………… 108
表 5-4 区分教育水平的年均收入增长特征比较 ………………… 109
表 5-5 农民工收入增长的 OLS 回归结果 ………………………… 113
表 5-6 城市流动的收入增长效应回归结果 ……………………… 117
表 6-1 男性和女性农民工失业情况比较（流动者）…………… 125
表 6-2 样本概况 …………………………………………………… 129
表 6-3 男性农民工和女性农民工职业流动类型与小时

　　　　收入水平比较 ………………………………………… 130
表6-4　男性农民工职业流动收入效应的多层模型回归结果 ……… 131
表6-5　女性农民工职业流动收入效应的多层模型回归结果 ……… 132
表6-6　影响农民工在职搜寻工作的Logit回归结果 ………………… 136
表6-7　以往职业流动对于目前在职搜寻工作的影响分析 ………… 138
附表6-1　男性农民工职业流动收入效应的OLS回归结果 ………… 140
附表6-2　女性农民工职业流动收入效应的OLS回归结果 ………… 142
附表6-3　失业的影响因素分析 ……………………………………… 143
附表6-4　不包含任何职业流动变量的工资方程OLS回归结果 …… 144
表7-1　两代农民工个人特征与人力资本差异比较 ………………… 153
表7-2　两代农民工城市工作情况比较 ……………………………… 154
表7-3　两代农民工职业流动行为与小时收入水平比较 …………… 156
表7-4　两代农民工留城意愿比较 …………………………………… 157
表7-5　两代农民工收入决定的回归结果 …………………………… 158
表7-6　农民工留城意愿的代际差异分析 …………………………… 160

第一篇

导 论

第一章 导论

第一节 研究背景与意义

一 研究背景与问题

改革开放30多年来,我国劳动力市场的结构变迁历程表明市场化改革推动了市场竞争机制对劳动力资源配置的基础性作用。在城市劳动力市场上,主要体现为市场配置为主导的"双向选择"、"自主择业"的就业制度取代了政府"统包统分"、"一次分配定终生"的配置方式;城乡隔离的户籍制度,也在转移农村过剩劳动力,提高农村劳动生产率的政策鼓励和响应城市经济快速发展以及城镇化建设的需求中不断得以松动。在整个改革开放的进程中,职业流动(Job Mobility)作为体现劳动力资源配置得到不断优化的指标之一,逐渐成为我国劳动力市场上一种较为常见的现象。尤其是20世纪90年代以来,"下海"、"下岗、再就业"、"民工潮"以及"农民工二次流动"、"跳槽"等现象的大量发生可为佐证。职业流动会带来劳动者工资收入、所在部门收入分布以及非货币性的工作相关特征等方面的变化(Osberg,1986)。这意味着当前的收入至少有一部分是职业流动的回报(惩罚),或者相反,是不流动的惩罚(奖励)(Garcia,2004;Munasinghe,2004)。这表明只考虑人力资本因素、不可观测因素(比如能力等)抑或是体制性因素并不能完整地说明收入决定问题,职业流动对劳动者收入决定的影响作用应该得到应有的重视。

职业流动水平提高,一方面意味着市场竞争机制健全,劳动者有更多的可能性通过在劳动力市场上搜寻工作,选择与自身禀赋更加匹配的工作而离开原有的工作单位,从而有更高的概率获得更高的报酬和工资水平;另一方面,微观层面的职业流动行为通过改变对劳动者个体收入增长的影响，在某种程度上也影响着宏观层面的收入分布及收入不平等的动态演变路径。随着我国劳动力市场上职业流动水平的不断提高，职业流动作为提高劳动者收入水平和改变劳动者职业地位的一个重要途径，对劳动者整个生命周期的收入增长轨迹发挥着越来越重要的作用。但是市场经济体制改革的渐进性特征和政治体制改革的滞后性，影响到我国劳动力市场健康发育和进一步完善的步伐。这也造成了在我国劳动力市场上，职业流动一方面表征了市场机制配置资源的竞争特征。另一方面，职业流动的水平和结构却仍然根深蒂固地受制于体制性因素的影响。在较早时候就有研究指出，虽然中国的城市劳动力市场流动水平较高，但并不是一个统一的整体。同一子市场内的劳动力流动往往不受限制，但跨阶层（市场）的劳动力流动较少，尤其是从较低端劳动力市场进入较高阶层的劳动力市场往往面临很大的障碍（Wang, 1999）；由于各种非市场性因素，农民工、非本地城镇劳动力和拥有本地户口的居民往往也只能进入特定的市场阶层（劳动力市场）（严善平，1997；姚洋，2001）。与此现象相适应，各子市场间存在不同的收入决定机制和较大的收入差距。对于这一问题的研究主流基本是通过比较子市场间的收入差距来度量人力资本因素、制度性因素对收入决定的影响程度。而对于子市场间的职业流动水平、背后的原因及其对收入的影响作用往往被忽略或者假定不存在，显然这种研究方法还有可商榷的余地。正如王春光所指出的那样，许多经济收入差距是由于职业流动中的不平等带来的。目前，职业流动中的不平等问题在中国相当突出，但却没有引起足够的重视和关注。不解决职业流动中的不平等问题，就难以缩小收入差距，难以降低整个社会的不平等程度（王春光，2003）。因此，从职业流动的视角探析不同劳动力市场条件下的收入决定问题，显得弥足重要。

同时，对于具有中国特色的农民工流动问题的研究，以往大量的研究成果集中于这个群体的乡城流动及其市场后果的分析方面，这可能是源于学者们更关心农民工的乡城流动对城乡收入差距的动态影响，以及户籍制度给农民工所造成的社会不平等现象与"农民工"的制度性身份给这个群体的生存状况带来的不利影响。随着我国户籍制度改革的不断深化和全面推进，由户籍制度所带来的不利影响将会逐渐得以弱化，尤其是2014年国务院印发《关于进一步推进户籍制度改革的意见》（第25号文件），标志着我国进一步推进户籍制度的改革将进入全面实施阶段。意见指出，要建立城乡统一的户口登记制度，全面实施居住证制度，取消农业户口和非农业户口性质区分和由此衍生的蓝印户口等户口类型。随后有16个省份明确提出取消农业户口和非农业户口性质区分，建立统一的户口登记制度，并提出了具体的落实时间表。意见称，全面放开建制镇和小城市落户限制；合理确定大城市落户条件；严格控制特大城市人口规模。这一改革的全面推进必将改变我国以往城乡分割的户籍制度所带来的歧视问题。但是由于不同规模城市具有门槛完全不同的落户条件，由此所引致的农民工进入城市劳动力市场后的就业流动特征与相应的经济后果以及给农民工市民化所带来的影响，便成为目前和今后我国推进新型城镇化建设过程中更值得重视的问题。

近几年，学者对于农民工进入城市劳动力市场从事非农工作后的流动特征也给予了极大的关注，但对于农民工职业身份相关的问题仍然缺乏系统深入的研究和分析。农民工职业身份的相关特征主要体现在农民工进入城市劳动力市场后区别于城镇居民的职业流动行为、动因、经济结果及其异质性特征等问题。对这些问题的研究会给我们更深刻地了解农民工群体在城市劳动力市场上生存状态的动态演变以及城市劳动力市场二元特征提供有用的额外信息，并为今后在取消农业户口和非农业户口性质区分的改革前景下与不同规模城市采取不同落户政策的渐进性现实背景下，更好地为农民工在城市劳动力市场上稳定就业、最终实现市民化目标提供有用的决策信息。同时也将有助于我们探讨西方的职业流动及其经济后果相关理论在中国的适用性问题。

基于此，为更好地理解中国劳动力市场的结构特征，有必要分别从劳动力市场分割理论与新古典理论的视角，研究城镇居民和农民工在不同的劳动力市场条件下，其职业流动对收入决定的影响作用及运行特征，并比较二者的区别，这无论在理论层面还是现实层面都具有重要的意义。

二 研究意义

（一）现实意义

诚如 Topel 和 Ward（1992）文章中指出的那样，早期职业生涯中全部收入增长中的 1/3 可以由职业流动所带来的收入效应来加以解释（Topel, Robert H. & Michael P. Ward., 1992）。职业流动是决定个体劳动者收入增长的重要因素，是提升劳动者职业地位的一个重要途径。竞争性的因素会使职业流动的以上作用凸显，并对劳动者整个生命周期的收入增长轨迹发挥越来越重要的作用。而体制性的障碍因素则会使职业流动对劳动者收入获得的影响作用受到扭曲，扩大群体间的收入差距，并形成分割的劳动力市场，不利于统一的劳动力市场格局的建立。比如，城镇居民因为处于不同的行业和不同所有制性质的单位中，所获得的职业流动机会及伴随其发生的收入水平的变化并不相同。行业间存在的影响职业流动的非市场性障碍，也影响着行业收入差距的缩小；另外，由于体制性障碍，农民工在城市劳动力市场进行职业流动时面临的种种制约以及区别于本地居民的过于频繁的职业流动行为及其收入影响效应也是例证。在中国经济转型过程中，厘清劳动力市场在走向市场竞争的同时所存在的诸多不平等现象，完善相关的劳动力市场政策，加快劳动力市场制度改革以及缩小各种形式的收入差距，均离不开对我国劳动力市场中职业流动和收入决定问题的深层分析和研究。

为了更清楚地认识在不同的劳动力市场条件下，市场竞争和体制性分割因素共同作用下的职业流动与收入决定的内在关系，我们需要在确认子市场之间职业流动存在性的基础上，考察不同劳动力市场条件下劳动者的职业流动特征，并对职业流动的收入决定作用给予不同层面、不同视角的典型分析。

（二）理论意义

在理论意义上，从职业流动的视角探讨收入决定问题对探索转型经济社会劳动力市场结构发展变革及收入决定演变规律有重要的意义。笔者在回顾国内外有关职业流动和收入决定的研究文献时，发现国外学者对该问题的研究从职业流动与劳动者个体收入增长、劳动力市场分割条件下各子市场之间职业流动与收入决定关系研究，到职业流动与总体不平等及不同群体之间职业流动与收入不平等等方面均积累了大量的理论研究成果。但是国内对于职业流动和收入决定的研究起步较晚，对二者的研究还基本处于割裂的状态，深入分析二者关系的研究还比较缺乏，这是一大缺憾。因此，对该问题的深入研究对于职业流动理论本身在中国的应用和发展，以及对不同群体职业流动行为的理论解释具有重要的意义。本书运用新古典理论与劳动力市场分割理论，深入探讨在中国现实的劳动力市场背景下，职业流动对收入决定的影响作用以及二者内在的运行机理；从职业流动视角及其障碍测度角度而非单纯收入差异方面重新检验劳动力市场的分割状况及新的发展特征，并在此基础上对不同行业收入决定差异问题给予职业流动层面的解释;建立起宏观层面的收入不平等与微观层面的职业流动之间的动态关系;通过分析农民工具有中国特色的职业流动特征及其经济后果,研究职业流动理论对农民工群体的适用性,从研究的结果审视城市劳动力市场的二元特征,并寻求中国合理的职业流动的调整方向和路径,以期能为政府相关部门制定劳动力市场政策提供理论上的依据。对于以上研究任务的探讨和解决是本书试图达到的最终目标,这也正是本书的理论意义之所在。

第二节 职业流动概念解释与界定

对职业流动的关注最早起源于社会学对社会流动性的研究,因职业流动水平是衡量社会流动性最重要的指标之一,职业流动会导致就业人口结构发生改变,而就业(职业)结构则是反映社会结构特征的一个重要指标,就业(职业)结构的改变能够比较准确地体现社会变迁的结果(李若建,1999)。于是从职业结构角度研究社会流动性很自然就演变为对职业流动的研究。社会学和经济学对职业流动都进行了大量的研究,两个学科对职业流动的研究视角虽然不能完全泾渭分明,但社会学更关心社会流动和社会分层以及精英阶层的经济地位获得等问题,即社会学更关心职业流动的社会结果,是对社会结构形成过程的动态研究。如果处在不同社会地位或者位置间的人们能够通过个人努力而获得自由充分的流动,比如,处于社会下层的人能够改变自己的不利地位,而处于社会上层的人也有可能丧失自己的优势地位,说明社会流动是充分的,那么整个社会资源的分配将比较合理和公平。因此,在社会学中,职业流动在绝大多数情况下特指 occupational mobility,即指劳动者在职业(occupation)分层体系中各层级间(位置)和类属间的变动,以及伴随这种变动的劳动者工作内容、工作性质、工作地点、职业声望、相应社会地位以及工作收入和福利等方面的变更。这是所有有关职业流动概念中社会学对其的一种界定。

经济学则主要聚焦于职业流动与收入决定关系以及收入不平等领域,即职业流动的经济后果。经济学研究中对于职业流动概念的界定,从现存的文献研究来看,存在广义和狭义之分。坎贝尔·R. 麦克南等对职业流动的定义可谓最宽泛的一种,在其定义中囊括了以下四种类型的流动:工作变换但职业类属和工作地点不变；职业类属变化但工作地点不变；地区间流动但却不发生职业类属的变换；地区间进行流动的同时伴随职业类属的变换（坎贝尔·R. 麦克南，2006）。可以看出，在这个定义中，其实包含了工作转换（Job mobility）、职业类属变换（Occupational mobility）和劳动力地区间流动（Migration）三种情形（李长安，2010）。

关于职业流动狭义的定义主要有两种：一是单纯的就业单位间工作变换的情况，即工作转换的概念。比如 Bartel 和 Borjas（1981）、Gottschalk（2001）、Loprest（1992）、Topel 和 Ward（1992）等绝大多数研究者的文献中对于职业流动的定义属于这类情况。二是职业类属发生变化的情况，比如从厨师变为汽车司机的情形。Kambourov 和 Manovskii（2008，2009）、Etienne Lalé（2012）、Simonetta Longhi 和 Mark Taylor（2013）的研究中所指的职业流动便属于这类情况，这一定义与社会学中对于职业流动的定义较为一致。有极少数的文献也关注了工作转换的过程中同时又发生职业类属变动的情况，如 Ronald 等（2010）。

国内学术界对职业流动概念的界定范围不完全统一，分歧的焦点是对于发生在单位内部的工作变动是否应该归属于职业流动范围的争论。王春光认为所谓的职业流动，指寻找和变换工作的过程，而变换工作，就是指工作单位的变动，或在同一单位内因职务、职称、行政级别或执业活动的变更而造成工作内容和工作性质的重大变化（王春光，2003）。大部分学者对职业流动的定义为狭义的不同单位之间的工作变动，如白南生、李靖（2008），李长安（2010），刘士杰（2011），刘林平、万向东等（2006），马瑞、仇焕广（2012），吴晓刚（1995，2008），吴愈晓（2011），Wu 和 Xie（2003），邢春冰（2007），张晓慧（2002）等。其中，Wu 和 Xie（2003），吴晓刚（2008），邢春冰（2007）的研究主要聚焦于所有制改革的不同阶段，国有部门和市场部门之间的流动情况，因此这种流动更侧重于变动工作的同时所有制性质改变的情况，侧重于研究劳动者从体制内单位转换到体制外单位所引发的个人收入的变动或者部门间收入不平等的分布改变。另外，有一些不同于以上两种的职业流动的定义，比如，李若建（1999）对职业流动的定义是个人职业的改变，也包括由此而产生的就业人口结构的改变。黄建新对职业流动的解释是人们依据自己的需求偏好自由选择的过程，是人力资源在不同区域、不同产业间流动、配置的结果，是劳动力流动和社会地位获得的重要表现形式（黄建新，2008），可见其对职业流动的定义范围要宽于其他学者。

虽然现存的相关研究所使用的职业流动概念范围存在一定出入，但绝大多数的研究均集中于对不同单位或者雇主间的工作转换及其劳动力市场结果的分析，本书主要从经济学视角出发研究职业流动对收入决定的影响作用，为更好地整理以往的相关文献并保持前后连贯性和可比性，本书中的职业流动概念，除特别标注的以外，主要指狭义的不同单位间工作变换这一定义，关注工作变动而非职业类属的变化，即 Job Mobility。因国内很多文献使用"职业流动"一词，为保持一致性，本书将沿用该惯例。

第三节 研究内容与思路

本书共有五篇，分为八章。第一篇为导论部分，包含第一章，阐述了本书的选题背景、意义、职业流动概念的界定与说明，本书的研究方法、主要内容、分析逻辑以及本书可能存在的创新点。

第二篇为国内外相关理论与实证进展文献综述以及职业流动收入效应机理分析，包含第二章和第三章两章内容。第二章对完全竞争假设条件下职业流动与收入增长相关理论、职业流动与劳动力市场分割相关文献以及职业流动与收入不稳定、收入不平等经典文献进行了梳理，从而为本书后续所要进行的统计分析和实证研究做了相应的理论铺垫，并基于职业流动的视角为探索和解决中国劳动力市场中存在的问题提供经验借鉴。同时，本部分回顾并评述了国内文献关于我国劳动力市场上职业流动与收入决定的相关研究和实证进展、存在的不足以及可以进一步拓展的研究视点和方向。在理论回顾与评述的基础上，本书第三章简单回顾了中国劳动力市场中城镇居民和进入城市劳动力市场的农民工的职业流动现状和特征，对职业流动存在的不同形式进行了客观分类，并从理论层面对不同类型职业流动的收入效应给予相应分析。

本书第三篇和第四篇分别为主要劳动力市场和次要劳动力市场的职业流动及其收入效应分析，共包含四章内容。第四章从职业流动与行业收入决定差异分析主要劳动力市场上的职业流动及其收入决定；第五章至第七章分别从职业流动与农民工收入增长、职业流动与收入效应的性别差异及职业流动与收入效应的代际差异三个层面对次要劳动力市场上的职业流动行为及其经济后果进行了典型性的详细论证,① 以期能从不同层面回答本书的核心问题:(1) 职业流动是否对收入决定具有重要影响作用?(2) 在不同的劳动力市场条件下,职业流动对收入决定的影响作用是否存在差异,原因是什么?

第四章以我国城市劳动力市场上城镇居民为研究对象,基于我国经济体制改革的大背景与改革的渐进性特征,以近几年学者和政府相关部门都关注的行业收入差距入手,通过观察行业之间的职业流动特征,依照劳动力市场分割理论的研究方法,对行业分割问题进行了职业流动视角的重新审视。并在此基础上,深入研究了职业流动与垄断行业、竞争行业及其子市场收入决定差异问题。本章主要解决以下问题:(1) 单纯的收入差距可否判定劳动力市场的体制性分割,如果考虑行业内异质性特征,并结合职业流动特征、伴随职业流动的收入水平变化以及影响职业流动的市场性因素与体制性因素分析等多维度的考察时,对于行业分割的判断会是怎样的结果?(2) 职业流动是否是行业收入决定不可忽视的重要因素?(3) 职业流动对不同行业及分割子市场收入决定的影响作用是否相同?差异性的原因是什么?

当我们对处于不同行业和不同所有制属性的城镇居民的职业流动特征及市场结果有所了解后,第五章、第六章、第七章以农民工群体为例,充分考虑这个群体所在的城市次要(低端)劳动力市场的特征及其频繁的职业流动行为与暂时性迁徙特征,依据新古典理论的研究方法,重点探讨其职业流动背后的动因及其收入增长效应;并考虑农民工群体的异质性特征,研究不同类型职业流动及其收入效应的性别不平等问题以及第一代农民工和新生代农民工的职业流动特征、职业流动对其收入增长的影响作用,包括农民工留城意愿随时间推移的动态演变特征。采用新古典理论的分析范式研究以上三个问题的原因是基于城市次要劳动力市场竞争更为充分,农民工在该劳动力市场上的职业流动及由此引起的市场结果主要由市

---

① 由于数据的不可得性,在研究城镇居民和农民工的职业流动对其收入决定的影响作用时,分别使用了不同年份的数据,因此,所得研究结果具有数据调查年的时代特征,而不完全具有可比性,但通过典型研究,我们仍然可以观察到职业流动对劳动者收入决定的影响作用在分割和竞争两种情境下,具有差异性。同时,将农民工进入城市劳动力市场从事非农工作所在的市场定性为次要劳动力市场,具有理论和现实实践的客观性和合理性,这在涉及的诸多文献中都有论证,在此不作赘述。

场的供给与需求决定。

通过第五章的研究，希望解决以下几个问题：（1）农民工具有怎样的职业流动特征？为什么农民工会具有如此高的职业流动倾向？（2）当地型职业流动者（只变换工作不更换城市）、迁移型职业流动者（变换工作也更换城市）是农民工流动就业过程中最典型的两大群体，影响这两大群体收入增长的因素是否相同？农民工的职业流动及其经济后果适用于职业流动与收入增长的何种理论模型？（3）城市流动行为对于整个流动农民工群体的收入增长起到了什么样的作用？哪一类农民工可以在职业流动中借助变换城市（地区）取得更高的收入增长水平？（4）通过研究结果，说明了我国城市劳动力市场怎样的二元特征？

在第五章的基础上，以农民工为例，从性别差异角度考察农民工职业流动及经济后果的异质性问题。性别差异现象在各国的劳动力市场上均普遍存在，并一直都是学者们关注的话题，本书第六章感兴趣的问题为：（1）不同性别的农民工是否具有不同的职业流动特征？不同类型的职业流动是否具有相同的收入效应？（2）相同的职业流动类型，不同性别的农民工是否获得了相同的收入效应？原因是什么？（3）从在职搜寻工作视角进一步判断不同性别职业流动行为，是否同样存在异质性特征？根据第五章、第六章的研究结果，我们希望依据研究结论所获得的有关农民工职业流动与其收入决定的额外信息，进一步反思我国城市劳动力市场的二元特征，为更好更快地进行新型城镇化建设提供有意义的思考和借鉴。

第七章仍以农民工为例，考虑从"民工潮"到"民工荒"较长的时间段内，随着区域经济格局和城市经济发展变革、农村改革的逐步推进和农村生活条件及社会保障体系的逐步建立和改善，农民工群体的劳动供给及城市劳动力市场对农民工的需求也在发生着较大改变。因此，本章主要考察第一代农民工和新生代农民工在职业流动行为及职业流动对农民工收入决定、留城意愿方面所存在的代际差异和随时间推进所表现出的演变规律。重点要回答的问题是：（1）从"民工潮"到"民工荒"较长的时间里，农村与城市均发生了较大的变化，第二代农民工也逐渐成为城市劳动力市场的主力，但不同代际农民工在城市劳动力市场上的职业流动行为特征是否发生了很大的变化？（2）职业流动对两代农民工收入水平的影响作用是否存在显著的代际差异与时点差异？（3）两代农民工的留城意愿与职业流动之间具有一种什么样的相关关系？影响农民工留城意愿的主要因素有哪些？城市劳动力市场怎样才能让农民工更好地在城市稳定就业？

第五篇为结论、政策启示和研究展望，包含第八章。该部分总结了本书主要的研究结论，并依据研究结论得到的启发，提出相应的政策建议。最后提出本书存在的不足与今后可进一步拓展的研究方向。

基于上述研究内容，可以绘制出本书的研究思路与逻辑关系的技术路线图：

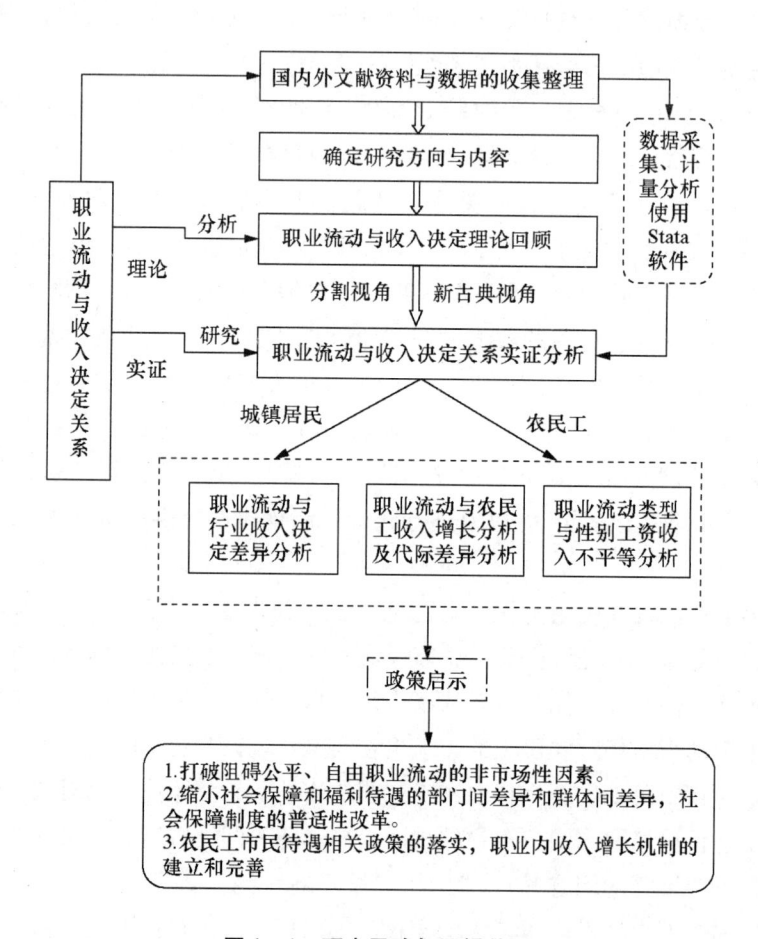

图 1-1 研究思路与逻辑关系

第四节 研究方法与手段

本书以实证分析与规范分析相结合、定量分析与定性分析相结合的研究方法,从理论和实践两个层面对我国劳动力市场上职业流动对收入决定的影响作用进行了相应分析。在理论层面,通过对职业流动与收入决定的相关理论进行深入分析后发现,新古典理论的方法论可以有效地揭示在充分竞争条件下,职业流动对收入决定影响作用的传导机制。而劳动力市场分割理论对劳动力市场异质性的分析范式,则可以帮助我们了解制度、结构、规则等因素对职业流动与收入决定关系的制约性及体制的重要性。本书运用以上两种理论与相应的研究方法,基于我国市场经济体制的特征和中国特色,从不同层面分析职业流动对收入决定的影响作用。

在具体的分析论证过程中,通过定性描述不同劳动力市场条件下,职业流动与劳动者收入决定不同层次的关系,同时运用定量的实证来刻画职业流动对收入决定的影响作用。并分别以具有城镇户口的居民和农民工两大群体作为分析对象,从职业流动与行业收入决定差异、职业流动与农民工收入增长以及职业流动与性别工资收入不平等和代际差异四个层面探讨了职业流动对收入决定的影响作用。以具有城镇户口的居民为例,我们从近几年学者和政府都关注的行业收入差距入手,在职业流动视角对行业的体制性分割进行重新判定的基础上,深入分析职业流动与垄断行业、竞争行业及其子市场的收入决定差异;以农民工群体为例,我们从农民工区别于城镇居民的职业流动特征出发,构建适用于农民工职业流动及其经济后果的收入增长理论模型,以分析其职业流动的收入增长效应;研究农民工职业流动及其收入效应的性别不平等差异与代际差异和时点差异,并根据研究结果提供的信息考察我国城市劳动力市场的二元特征,提出改进和完善的方向以及具体的措施。

由于本书研究对象和研究层次的异质性,无法构建统一的职业流动与收入决定的一般化理论,主要是根据已有的相关理论研究,结合我国劳动力市场的事实,在对职业流动类型进行客观描述和理论分析不同类型职业流动的收入决定机理的基础上,采用适合我国国情的计量方法,将以上研究内容在不同的章节中分别加以体现。

在实证方法方面，总的来说，采取了计量经济学中的回归分析方法。本书将职业流动与收入决定或收入分层置于同一个分析框架内，改进以往收入决定分析与职业流动研究相互割裂的局面，并解决国内有关职业流动及其收入效应的文献以流动次数（频率）、流动比率或者某一类流动的角度探讨职业流动特征及其收入效应导致的将不同的职业流动行为和经济后果同质化的问题，通过分析不同类型职业流动的不同收入效应，更准确科学地解析该行为的经济后果，以期发掘职业流动对收入决定的影响作用在不同劳动力市场条件下的动态传导机制，找到不同群体的职业流动及其收入效应，以及微观层面的职业流动影响宏观收入不平等的内在机理，并在此基础上对约束职业流动及收入平等的非市场因素提出相应的政策建议。

在具体分析工具的选择上，将采用统计描述、比较分析、计量分析等工具，并运用新古典理论、新制度经济学和劳动力市场分割理论的概念和方法进行分析。研究手段上，本书的研究数据主要来源于中国城市劳动力市场研究专项数据、中国社会科学院经济研究所收入分配课题组的住户调查数据中近几年的数据，定性方法与定量方法将同时被用于数据的整理总结和分析研究上。

第五节 研究价值与创新

本书可能具有的研究价值与创新主要体现在以下几点：

第一，本书从职业流动障碍角度而非单纯收入差异方面检验了行业的分割状况及特征，依据该分割判定结论，重点比较分析了职业流动对各行业及行业内子市场收入决定的影响作用。本书有关行业体制性分割的判定是考虑行业内所有制性质的异质性，并通过获取子市场之间职业流动外在特征、影响职业流动的因素分析、子市场间收入差距以及伴随职业流动的劳动者收入水平变化的子市场间异质性特征等多维信息得到，论证符合严格的劳动力市场分割理论范式要求，从而保证了职业流动与各行业收入决定差异问题的分析更为严谨、结论也更为准确。

第二，本书充分考虑当前我国农民工乡城流动所具有的"暂时性迁移"特性及其在城市劳动力市场上的职业流动以"换工作也换城市（地区）"为主要形式和流动频繁的现实特征，在理论分析的基础上，区分

"当地型职业流动"与"迁移型职业流动",构建适宜的收入增长模型,从理论层面和实证层面对农民工职业流动行为及频繁流动动因给予了翔实的解释。弥补了目前国内相关研究多聚焦于职业流动对劳动者后续收入水平的影响分析方面,而缺少对劳动者流动前后收入增长进行细致比较与分析的不足;纠正了在研究农民工流动问题时,"乡城流动"与"职业流动"割裂开来分析的做法,使我们可以更深刻地了解劳动力市场竞争较充分的条件下,职业流动对劳动者收入增长的促进作用。

第三,本书依据职业流动形式及背后动因,在将职业流动类型进行合理划分和理论分析的基础上,通过多层模型回归比较分析,对不同类型职业流动收入效应的性别差异进行了较全面的估算,并依据在职搜寻意愿信息对农民工群体性别异质性问题进行了拓展性的分析。此前,虽然国内已有文献对职业流动及其收入效应的关系进行了较多分析,但是许多研究还是从流动次数(频率)、流动比率或者某一类流动的角度展开相应分析。这种处理方式,无疑是将职业流动行为同质化了,在实证研究中,则往往因为混淆了不同类型和不同动机职业流动的收入效应,使结论的准确性值得怀疑。而且关于农民工群体职业流动及经济后果的性别异质性问题也鲜有研究,本书则弥补了此前研究的不足。

第四,在考虑从"民工潮"到"民工荒"较长的时间段内,农民工群体的劳动供给与城市劳动力市场对农民工的需求均有较大改变的事实基础上,为更准确地刻画两代农民工在区域经济布局变革、城市经济发展变化、农村改革与农村社会保障水平逐步改善的发展背景下,在城市劳动力市场上的生存状态的演变情况,本书采用了2003年和2008年执行的CHIP数据,动态地比较了两代农民工在职业流动行为和职业流动对该群体收入决定作用方面的代际差异和时点差异,并考察了两代农民工在不同时点上的留城意愿与职业流动之间的相关关系。弥补了以往研究更多使用截面数据考察农民工代际差异问题可能带来的样本偏差。

第 二 篇

研究综述与职业流动及其
收入效应理论分析

第二章 国内外研究综述

职业流动及其经济后果作为经济学、人口学的研究主题，长期以来受到了学者的关注。从经济学的角度来看，国外的相关研究大体上从以下三个视角对职业流动与收入决定之间的关系进行了系统深入的分析，并积累了大量丰富的研究成果：（1）职业流动与劳动者个体收入增长分析，该分析主要从微观层面，通过新古典理论范式展开；（2）职业流动与劳动力市场分割研究，该类分析主要从中观层面，通过劳动力市场分割理论范式展开；（3）职业流动与总体不平等及不同群体之间职业流动与收入不平等分析，该类分析则主要以宏观层面的收入分配角度考察职业流动在其中的作用。国内对于职业流动与收入决定的相关研究开展得较晚，深入分析职业流动对收入决定影响作用的研究较少且远未完善。因此，本章在清楚界定职业流动概念的基础上，详细梳理、总结了职业流动与收入增长，职业流动与劳动力市场分割分析及职业流动与收入不平等三类相关的国内外文献，以期为后续的研究奠定一定理论根基。同时，根据我国劳动力市场的实际情况，对近年来国内现存的有关职业流动与收入决定关系的理论与实证研究进展状况给予了必要的述评，指出了本书可以进一步拓展的空间。

第一节 职业流动与收入增长相关理论研究

职业流动作为决定劳动者收入变化的一个非常重要的因素很早就受到了学者的关注，在新古典经济学框架下，关于职业流动与收入增长关系的解说存在以下四类有影响力但在一定程度上又可以相互替代和互补的理论模型：流动者—停留者模型（Mover – Stayer Model）、人力资本模型（The Human Capital Model）、工作搜寻模型（The Job Search Model）和职业匹配模型（The Job Matching Model）。

一 流动者—停留者模型

流动者—停留者模型（Blumen et al.，1955）可谓是经济学意义上最早研究职业流动及其收入效应的理论。这一理论认为一些劳动者 [流动者（the mover）] 天性比其他劳动者 [停留者（the stayer）] 更容易变换工作，这种潜在的个性特征导致具有高生产率的劳动者会尽量避免变换工作，而那些具有低生产率的劳动者则会经历持续的职业流动，且这种流动倾向特征不会随时间而消失，即存在"个体固定效应"。影响劳动者职业流动的个人特征包括年龄、性别、受教育水平、家庭因素、居住地与工作地之间的距离等其他因素。在该模型中，因为停留者拥有较高的生产率，流动者具有较低的生产率，所以停留者的收入要高于流动者的收入，职业流动具有负面的收入效应。职业流动与收入增长之间这种负向关系的存在是因为不可观察的个人特征决定了劳动者的低生产率，一旦控制了流动和不可观测的个人特征之间的关系后，职业流动将不再具有收入效应。

在实证研究中，Light 和 McGarry（1998）以及 Munasinghe 和 Sigman（2004）的研究证实了流动者的收入增长水平低于停留者的收入增长水平，但同时发现在控制了不随时间改变的个人特征后，职业流动的收入效应仍然存在，从而部分否定了流动者—停留者模型的结论。

二 人力资本模型

人力资本模型（Becker，1962；Hashimoto，1981；Parsons，1972）是新古典框架下解释收入决定机制的一个重要模型。该模型认为教育（正规教育或者非正规的教育）、工作经验等个人禀赋是决定劳动者收入的重要因素，并且教育、工作经验和任期与劳动者收入增长呈正相关关系，受教育水平的差异是个人收入增长和个体之间存在收入差距的根本原因。在实证分析人力资本与收入回报之间相关关系时，使用最频繁的便是 Mincer 1974 年的研究中推演的"明瑟（Mincer）工资方程"。研究中通用的明瑟工资方程为：

$$\ln W(e, x) = \alpha_0 + \gamma_e E + \beta_0 x + \beta_1 x^2 + \varepsilon \qquad (2-1)$$

式中，$\ln W(e, x)$ 表示劳动者个人在接受一定年限的正规教育并积累了 x 年工作经验后得到了工资收入的对数值；γ_e 为一定教育年限的回归系数，也即一般所说的教育回报率；β_0 为工作经验的回归系数；ε 是均值为 0，期望值为 $E(\varepsilon \mid e, x) = 0$ 的误差项。在实际应用中，研究者往往会加入职业、性别、婚姻等个体特征变量，以及一些影响工资收入的不可观测变量从而构成明瑟工资方程的扩展形式，以便更准确地估算人力资本的回报率。同时，以 Heckman 为代表的一些学者，考虑到劳动者收入决定方程可能存在的选择性偏差、内生性问题以及人力资本的异质性等问题可能会影响到估计结果的客观性和准确性，提出了一系列先进的实证改进方法，使得改进后的明瑟工资方程更具有普适性（Heckman，1979；Heckman & Singer，1984；Heckman，Layne – Farrar & Todd，1996；Heckman，Lochner & Todd，2006）。

人力资本模型在解释职业流动与收入增长之间的相关关系时，将劳动者拥有的人力资本区分为专有人力资本和一般人力资本，并通常认为受教育程度越高的劳动者，意味着其可胜任的工作也越多，因此，进行主动职业流动的可能性也将较高；而工龄和任期越长，意味着劳动者对本单位工作越熟练，则其主动辞职的概率会降低。也就是说，一般通用性人力资本会促使劳动者主动辞职，而专用性人力资本则会阻碍劳动者辞职。在这里，教育是一般人力资本，而工作经验和工龄属于专有人力资本。一般人力资本具有通用性，可以进行转移；专有人力资本则是专属于某一特定职业或某一特定工作的特殊人力资本，具有不可转移性。这一关键假定决定了如果劳动者进行职业流动，特殊人力资本积累会因雇佣关系的结束而永久地丧失，生产率水平便会下降，因此流动者将遭遇收入损失。而停留者由于人力资本的持续积累、生产率水平的不断提升，以及会和企业一起分享由此带来的利润增加的好处，比如较好的职业内工资增长率、内部职位提升等，其收入水平一般会比流动者高。从中可以看出人力资本理论关于职业流动与收入增长呈负相关关系的结论，关键在于专有人力资本具有不可转移性的理论假定，如果放松这一假定，二者之间的相关关系便会变得模棱两可。

从在职培训视角分析职业流动与收入增长之间关系的研究也可归入人力资本模型的范畴。在职培训模型认为，对停留者而言，任期与收入水平并不是线性相关的。因为技术进步的日新月异，之前获得的人力资本存量可能会因为无法适应生产的变化和技术的变革而遭到贬值，这时必须通过相应的在职培训，使其人力资本水平保持持续增长以适应市场需求，进而保证其收入不断增长。Barron、Black 和 Loewenstein 的研究发现在职培训有助于增加员工的工资水平（Barron，Black & Loewenstein，1987）。Booth

对英国的情况进行研究也发现培训对劳动力的工资水平有提升作用，并存在性别差异，培训会对男性工资水平增加11.2%，对女性工资水平的提升则达到18.1%。但培训时间却与工资呈负相关关系（Booth，1991）。其后续的研究也证实了"培训可提升工资水平"这一结论。Lillard和Tan的研究结果也表明，总体上，培训在第一年的净效应为9.5%，并且企业培训的收入效应最大（Lillard & Tan，1992）。

停留者的收入增长是否快于流动者，从人力资本的角度来说，在职培训的作用很重要（Mortensen，1988）。而对于流动者而言，关键的假设是劳动者通过在职培训获得了不可转移的专有人力资本，当转换工作时，积累的专有人力资本会随着雇佣关系的结束而丢失，这样劳动者只能带着其拥有的一般人力资本进入新的就业单位，从而导致收入下降。如果中间有失业情况发生的话，一般人力资本也会遭遇贬值，失业的时间越长，贬值的程度也就越大（Pissarides，1992）。因此在重新就业时，其生产率水平会下降，收入水平自然也会下降，即流动者比停留者更有可能遇到收入下降的情况。

很多文献除了分析培训对劳动者工资水平的决定作用外，也关注了培训对员工职业流动的影响作用。从美国的相关研究看，Lynch使用NLSY（1979—1983年）数据，对刚毕业学生进入劳动力市场的初职进行了跟踪分析，发现年轻的女性劳动力在接受在职培训后与企业保持的雇佣时间显著增加（Lynch，1991）。Veum使用相同的1987—1992年的NLSY数据，发现企业的培训对员工的流动的影响均不显著（Veum，1999）。Parent使用1979—1991年的同一数据库，发现企业培训显著地减少了员工的流动。Booth和Satchell通过对英国学徒制度对员工流动影响的研究发现，如果员工完成了培训，那么他的流动倾向性会显著下降（Booth & Satchell，1994）。Elias的研究则发现，企业正式培训会显著抑制女性员工的职业流动率，但是对于男性员工的影响却不显著（Elias，1994）。Krueger和Rouse的研究结果表明，员工是否参与企业的教育计划或者培训对员工的主动流动的效应不显著（Krueger & Rouse，1998）。Cockx、Linden和Karaa的研究证明，培训投资显著增加了员工的任职期（Cockx，Linden & Karaa，1998）。同时，将企业培训区分为一般性培训和专用性培训，得出的结论差异也很大。Loewenstein和Spletaer的研究发现，一般性培训助长了员工的实际流动，而专用性培训显著地抑制了员工的流动（Loewenstein &

Spletaer, 1999)。

人力资本模型可以部分解释职业流动与收入增长之间可能存在的负相关关系,但由于该模型对劳动力市场完全竞争的假定,而较少考虑制度性因素和结构性因素,受到劳动力市场分割理论的质疑。同时,完全信息的假定也不符合雇主与劳动者之间往往信息不对称的真实状况。在此基础上,工作搜寻理论和职业匹配理论放松了信息完全的假定,使得职业流动与收入增长关系的分析更具有普适性。

三 工作搜寻模型

在工作搜寻模型(Burdett, 1978; Jovanovic, 1979b)中工作被认为是一种搜寻商品(Search goods)(Nelson, 1970)。现实中,劳动力市场往往具有信息不完全的特征,主要表现在:劳动者掌握着自身人力资本和生产率等完全的个人信息,但雇主却很难掌握劳动者的全部个人信息;同时,雇主拥有完备的提供给劳动者的工作相关信息,但劳动者却无法清楚了解有关该工作或者职业的全部信息。由此,劳动力市场必然具有不确定性特征。Burdett(1978)认为不同劳动者具有不同的工作能力,反映在生产率和收入水平上便有不同的分布。劳动力市场信息的不完全性以及工资收入分布的离散性,决定了劳动力市场中必然会存在普遍的搜寻行为。因此,劳动者一旦获取到关于当前工作不匹配或者有机会获取更好待遇的工作信息时,必定会导致职业流动的发生(Jovanovic, 1979)。劳动者最初并不了解劳动力市场中可以支付更高劳动报酬的单位的信息,其在劳动力市场上进行搜寻的目的是想为自身积累的人力资本找寻回报更高的工作场所,为了获得更高的工资收入待遇,劳动者会在劳动力市场中持续进行工作搜寻,以便获得更准确的工资分布信息,从而提高获得高工资的概率。这表明较短的工作任期和流动工资获得之间存在较强的相关关系。

该模型认为,当劳动者在进入劳动力市场时,本身具有不随时间改变的一定人力资本,单位付给劳动者的工资水平依据其在该单位所表现出的生产率水平而定,但因为不同单位挖掘劳动者生产率水平的能力存在差异,导致不同单位提供给同一劳动者的收入水平并不完全相同。劳动者一旦得到一份工作,他(她)可以继续搜寻工作,搜寻工作越频繁,得到外部工作答复的可能性也就越高。如果劳动者能够成功鉴别出那些能提供高收入水平的工作,并在考虑了转换成本后,潜在工作的工资水平仍会超过目前这份工作的水平,劳动者就有转换工作的动机(Devine & Kiefer,

1991）。随着搜寻工作经验的不断增加，劳动者对劳动力市场的信息了解得也越多，经验也就越丰富，这种经验的积累会提高劳动者找到为自身人力资本提供更高回报工作的概率。Black 以男性样本为研究对象，发现在转换工作前进行有效的在职搜寻的劳动者与那些没有提前进行工作搜寻的劳动者相比，获得了收入溢价（Black，1980）；Keith 和 McWilliams 的研究也同样发现在职搜寻与职业流动具有互相促进的作用，在职搜寻对于劳动者所带来的收入效应通过职业流动得以实现，而职业流动对于劳动者正向的收入效应需要通过在职搜寻得以扩大（Keith & McWilliams，1999）。因此，在该理论下，流动者比停留者有更大的可能性获得收入的较高上涨，而这种收入的上涨与更换工作前的在职搜寻存在紧密的正相关关系。这在实证中也得到了验证，如 Loprest（1992）、Abbott 和 Beach（1994）、Gottschalk（2001）等均发现劳动者从职业流动中获得了收入的增加，并且那些成功进行在职工作搜寻的自愿流动者的收入增长效应最大（Bartel & Borjas，1981）。

从以上的梳理总结可知，在职搜寻行为在该模型中的作用得到了最大限度的重视，因此，该模型中职业流动主要指的是自愿主动流动的情形，劳动者的生产率固定不变并且事先可知，并且某一个工作的匹配质量具有不随时间改变的特征。该模型预测劳动者通过自愿流动将会找到匹配质量更高的工作，这样流动倾向会随着时间及工作经验的增加而逐渐下降。劳动者收入水平高低主要受所搜寻到的工作和劳动者匹配质量的影响。也就是说，当把流动和不随时间变化的特定工作效应的关系加以控制后，职业流动独立的收入效应便不存在。

在实证研究中，学者通过观察自愿流动者和非自愿流动者在职搜寻行为的差异，来考察职业流动的收入效应问题。有研究表明，自愿的职业流动行为可以使劳动者的收入水平提高 10%—20%（Mincer，1993）；非自愿的职业流动行为则会使劳动者的收入水平下降 10%—20%（Jacobson et al.，1993；Stevens 1998；Seninger，1997）。

对于主动流动可以提升劳动者收入水平的原因解释可以追溯到 Sjaastad 的研究。Sjaastad（1962）将追求自我利益最大化的经济人假设运用到职业流动的研究中，他认为在劳动力市场中，求职者总是努力寻求能赋予其最大劳动报酬的厂商，并通过构筑未来工作的预期收益净现值与当前工作实际收益之间差值的概率函数来决定是否更换工作。其研究结论证明，当前工资收益越高，劳动者主动辞职的概率就越小；一旦出现相较于当前工作收益更高的其他工作选择，劳动者辞职的概率就会增加。同样，雇佣者，即厂商的行为也符合经济人假设，一旦雇主所雇用的劳动者的边际生产率低于给其支付的工资水平，雇主主动提出解雇劳动者的概率势必会增加，此时劳动者将会面临被动的职业流动（Sjaastad，1962）。McCall 对于主动职业流动者的理解是，保留工资（Reservation Wage）是劳动者可以接受的最低工资水平，如果未来雇主提供的工资水平高于或等于保留工资，则接受该份工作；反之工作搜寻者则会选择拒绝（McCall，1965）。也就是说，在不完全的劳动力市场上，劳动者为了获得更高的收入待遇，会以目前工作收入作为参照值或者保留工资，不断地搜寻工作。

  Mincer 对主动流动的劳动者相较于被动流动的劳动者而言，获得了更高的收入溢价的原因解释则从"对于可能发生的流动信息的获得是否具有不对称性"的视角展开。主动流动和被动流动之间最重要的一个区别是，主动辞职者了解自身的流转信息，而被动流动者对于自身是否会流动并不具有事先的信息。当劳动者对于即将发生的流动具有完全的信息时，劳动者就可以提前进行在职搜寻工作，并且在获得较高收入的职位邀请时，选择离开现有工作。而如果劳动者提前并不知晓是否被流动的信息时，就很有可能被局限在失业状态下再去寻找工作。一定程度上而言，在职搜寻者的保留工资会高于其现有的工资水平，而失业状态搜寻工作者的保留工资则可能较低，因此主动流动者的平均收入增长水平要高于被动流动者的收入增长水平（Mincer，1986）。

  一般来说，学者认为与工作相关或者因经济原因进行的自愿流动更有可能在流动前发生在职搜寻行为，从而获得较高的收入。因家庭原因进行的自愿流动及非自愿流动情形，比如被解雇、解聘，则进行在职搜寻工作的可能性较低，因此，此类的职业流动更有可能带来收入的损失（Keith & McWilliams，1995、1997；Sylvia Fuller，2008）。

四　职业匹配模型

职业匹配模型（Johnson，1978；Jovanovic，1979a）认为由于不完全信息的原因，在就业初期雇主无法完全了解雇员的劳动生产率情况，而雇员也不清楚雇主或者工作单位特征的全部信息，即匹配质量事先并不可知，这样可能会出现劳动者的收入与其所拥有的人力资本不对等或者生产效率低下等匹配质量不佳问题。但是随着工作时间的延长，匹配信息便会逐渐被展现，和生产率相关的信息也会得以披露，工资水平便会跟着有所调整，用 Nelson（1970）的话讲工作就是经验产品（Experience goods）。当劳动者发现匹配质量低于最初的想象，而使其工资水平低于外部可能找到的工作的工资水平时，劳动者就会主动寻找其他的就业机会，以期改善匹配质量，提高生产率，进而提高工资水平。也就是说，劳动者一旦获取到关于目前工作不匹配或者有可能获取更加匹配的相关工作信息时，职业流动行为便不可避免地会发生。因此在该理论下，职业流动更多运用于那些为了得到更好的个体与工作匹配质量而主动离开目前工作的自愿职业流动者身上，尤其是新进入劳动力市场的劳动者身上。Bartel 和 Borjas（1977）从工作匹配的角度对工资水平与工作转换概率之间的关系进行了研究，发现工作转换是因为雇主和劳动者之间的匹配没有达到最佳状态，随着劳动者与雇主之间雇佣关系的展开，彼此之间便会逐渐相互了解，一旦发现对方并不是自己最佳的匹配对象，雇佣关系则很有可能停止，由此可以推断，工作任期与工作转换之间存在着反向关系。这就意味着职业流动是劳动者早期职业生涯中的重要组成部分（Topel & Ward, 1992），职业流动对于收入的增长效应是正向的。同时，该模型预测职业流动所具有的收入提升效应会随着工作经验的提高而趋于下降，而且职业流动的概率随着任期的增加也会下降，这在实证中也得到了一定的证明（Farber, 2003）。

　　职业匹配模型还考虑了不幸的劳动者可能会经历一系列低质量的匹配，从而遭受持续的工资损失的情形。Gibbons 和 Katz（1991）认为雇主在招聘劳动者的时候，由于对劳动者能力的信息掌握不够，可能会给付较高的起初工资，当雇主对劳动者的生产能力有了更好的了解后，除了会调整劳动者的工资外，还会辞退掉匹配质量不佳或者工作能力差的雇员。这种情况下，职业流动与收入之间的关系可能和自愿流动的结果完全不同。因为信息不对称，如果劳动者是被辞退的，给新雇主传递的关于该劳动者生产率水平的信号将是负面的，这样被解雇这一经历对劳动者后续收入的影响将非常不利并持续存在，意味着被动的职业流动可能会产生长期的"刀疤效应"。这一点在实证中也得到了验证，如 Von 和 Bender（2006）指出劳动者早期职业生涯中如果有被辞退的经历将会导致劳动者遭受持续的收入损失。Farber（2003、2005）也发现如果劳动者在职业流动过程中伴随着发生了失业情况，劳动者再就业时就会遭受收入的下降。Von 和

Bender（2008）指出劳动者由于有利的劳动力市场条件，起初所获得的工资优势，当失去工作后，该优势便会永远失去。

从以上的分析可知，区别于工作搜寻模型，职业匹配模型放松了劳动者的生产率事先可知的假定，认为劳动者真实的生产率水平在最初是不确定的，劳动者在最初工作中无法发挥最佳的生产率可能是因为匹配质量不佳造成的。随着匹配质量信息的逐渐披露，劳动者的生产率水平逐渐被知晓，劳动者的收入也会随之得以调整，职业流动可以理解为是这种调整的一种结果。这意味着即便是控制了个体和工作的固定效应后，职业流动独立的收入效应仍然存在。

对以上四类研究职业流动与劳动者收入增长关系理论的梳理可知，关于职业流动是否具有收入增长效应的结论并不一致，二者之间的关系到底如何不仅依赖于专有人力资本的可转移性问题、职业匹配质量提高与否以及转换工作时是否进行了在职搜寻工作行为，还依赖于职业流动类型是主动自愿的还是被动非自愿的。在主动自愿条件下存在的职业流动的收入增长效应，放在被动情形下可能完全不适用。由于视角和立论基础不同，职业流动的收入效应尤其是自愿流动的收入效应无法得到一致的结论，不同类型的自愿流动和不同类型的非自愿流动的收入效应均不相同（Keith & McWilliams，1999）。

在实证分析中，以上经典理论模型的验证，往往会碰到样本选择的内生性问题，也就是说职业流动行为并不具有随机性，[①] 依据理论模型推测，处于低收入工作的劳动者更可能通过在职搜寻和职业流动获得较高的回报，因此这类群体可能比处于高收入水平的劳动者具有更高的发生职业流动的概率。这一理论推测在中国劳动力市场上得到了相应的验证，比如，研究发现农民工和城镇居民相比，收入水平较低，农民工具有比城镇居民更高的职业流动频率（John Knight & Linda Yueh，2004；白南生、李靖，2008；李长安，2010；黄乾，2011 等）。针对这个问题，使用较普遍的解决方法是"Heckman 两阶段法"，如 Osberg（1986）、Keith 和 McWilliams（1995，1997）、Catalina Amuedo – Dorantes 和 Ricardo Serrano – Padial（2007）、黄乾（2010），等等。另外，收入水平既可能是职业流动的

[①] 不论是新古典理论分析范式还是劳动力市场分割理论范式，通过实证研究考察职业流动及其经济后果时都会碰到样本选择问题，因此该问题具有普遍性。

原因，同时也很可能是职业流动的结果，即职业流动的经济后果具有内生性问题。针对这个问题，有文献使用控制职业流动前首份工作收入的办法，如 Osberg（1986）、邢春冰（2008）。

以上各个理论模型从微观层面分析了职业流动和劳动者收入增长之间的关系，虽然理论的假设前提不尽相同，总体而言都是建立在劳动力市场完全竞争或者竞争充分的基础之上。然而，在劳动力市场分割理论看来，劳动力市场并非完全竞争，也无法达到竞争充分的状态，相反往往具有分割特性。处于不同劳动力市场上的劳动者并不能自由、充分地进行市场间的职业流动，如果把所有的劳动者放在同一个背景下研究其职业流动模式和收入效应，有失偏颇。因此在以上理论的基础上，很多文献基于劳动力市场分割理论的分析范式研究职业流动对不同子市场的收入决定问题，或者相反，从职业流动角度分析劳动力市场分割问题。

第二节 职业流动与分割劳动力市场的收入决定相关研究

从理论架构来看，新古典理论强调市场机制在决定工资水平和劳动力资源配置方面的基础性作用，一般把劳动力市场运行中的其他非市场因素的影响忽略或者视为既定，认为劳动力市场是同质、充分竞争的。这意味着劳动者可以根据自身的禀赋和偏好在众多工作选项中进行自由的选择，根据这样的假设前提和理解，收入差异主要反映的便是劳动者个体特征和生产率的异质性，比如教育水平的高低、教育质量的优劣、经验和任期的长短、在职培训机会等广义人力资本的差异。虽然该学派也承认劳动力市场的某些特殊性会使市场存在某种分割，但认为并不影响市场整体的竞争特征。

然而，新古典充分竞争的收入决定理论却无法解释以下存在于劳动力市场的现实：具有相似教育水平和工作经历的劳动者之间却可能存在较大的工资差异。这使一些学者不满意并质疑新古典理论对劳动力市场各种问题的解释，也促使部分学者从市场不充分的角度，强调劳动力市场的制度、分割属性以及社会因素对工资收入和职业选择的重要影响来研究不同部门、不同职业以及不同群体收入决定机制所存在的异质性，并从中找寻可以支持劳动力市场分割理论的实证证据。这类理论研究最终形成了劳动力市场分割（LMS）理论（Theory of Labor Market Segmentation），其作为独立理论体系的正式标志则为1971年Doeringer D.和Piore M.的著作 *Internal Labor Market and Manpower Analysis* 一书的出版。

在劳动力市场分割理论看来，决定劳动者个体工资差异的主要因素并非劳动者的生产率水平，劳动力市场的异质性和竞争的不充分性使得不同类型的劳动者面临不同的劳动力市场状况，制度和社会等客观性因素左右着劳动者的禀赋和偏好，并在实质上制约甚至支配着劳动者的实际选择，教育在某种意义上只是起到"筛选器"的作用（Blaug, 1976; Rosenbaum, 1979）。制度作为市场分割的核心部分，决定了各劳动力市场的报酬水平和就业配置方式，也决定了劳动力市场各分割子市场存在显著的差异。这些差异可能涵盖工作性质、收入水平、晋升的机会与渠道、教育回报率、在职培训机会、社会保障和福利、职业流动模式及其经济回报等。而从不同子市场之间的职业流动障碍来考察劳动力市场的分割性对于分割理论的发展深化起到了重要的作用，这也正是本书所要关注和重点讨论的部分。

一 劳动力市场分割理论及测度简要回顾

劳动力市场分割理论派系很多，具有代表性的有二元劳动力市场理论（Doeringer D. & Piore M., 1971）、职位竞争理论（Thurow L., 1975; Lucas R., 1974）和激进的分割理论（Reich M., Gordon D. & Edwards, 1973）等。虽然这些理论对劳动力市场的分析过程有较大的差别，但都认可以下三个假定：第一，劳动力市场并不是同质的，而是由组织机构或者制度分割的一系列不同的子市场组成；第二，不同的劳动力市场分割部分具有不同的工资决定机制和劳动力配置模式，新古典人力资本理论不能很好地解释较低端劳动力子市场的回报问题（袁志刚，2008）；第三，各分割市场之间存在流动障碍，这种流动障碍由技能的差异以及各种正式和非正式的制度规则或者社会习惯决定。由制度规则或者社会习惯设立的劳动力市场之间的界限和障碍很难跨越，使得市场处于分割状态而无法实现出清（Kerr, 1954），从而各分割市场之间的工资差距将会长期存在。

分割理论总体上是围绕以上三个假定展开相应的分析和研究的。首先，各子市场，一般依据职业、部门或者行业进行划分。职业层面，比如二元劳动力市场理论将子市场划分为主要（一级）劳动力市场和次要

(二级)劳动力市场。在主要劳动力市场上的劳动者收入高，工作稳定并有保障，福利体系健全，通过积累一般人力资本（教育、经验）和专有人力资本（培训）可以提升收入，并有良好的内部劳动力市场，即稳定的职位提升渠道；而处于次要劳动力市场的劳动者收入低，工作条件差，人力资本几乎没有回报，工作不稳定，流动频繁（Doeringer & Piore, 1971）。在部门划分层面，比如将经济领域区分为两个产业部门或者三个部门（O'Connor, 1973），每一个部门行使着不同水平的经济活动：核心部门由那些具有政治和经济影响力的垄断利润型企业组成；边缘部门则由那些没有政治和经济影响力的竞争型企业构成。在分割理论者看来，政府的作用是为核心部门的成长提供帮助，后来的分割理论在二元划分的基础上向多元分割的方向发展。但以上对于分割市场的不同划分方法，显然容易受到研究者主观认识以及经验判断等的影响，从而不可避免地会带来样本选择问题，这在实证分析中也促使学者不断探索更科学、客观的划分依据。

其次，验证子市场之间收入决定机制的差异，基本的理念是验证具有相同个性特征和生产率水平的劳动者在不同的子市场上是否获得了相同的回报，如果不相同，则市场分割的论证就是成立的。在这个问题上，"内部劳动力市场"（Internal Labor Market）和"外部劳动力市场"（External Labor Market）对于不同部门收入决定机制存在差异给予了一定的解释，同时"职位竞争"和"工作竞争"也部分地解释了主要劳动力市场和次要劳动力市场不同的工资决定机制。

但是"具有不同的收入决定机制"并不必然与新古典理论完全相矛盾，比如效率工资或者补偿工资理论认为部门间工资差异可能来源于部门特征的差异，并不必然由劳动力市场分割引起（Krueger and Summers, 1988）。另外，部门或者行业内部也可能会存在工资差异，但显然不是因为分割原因所致（Edward Funkhouser, 1997a）。因此通过部门间工资差异来证明劳动力市场的分割性便显得说服力不够。基于此，很多学者开始关注分割理论的第三个假定：子市场之间的流动障碍问题。

对于是否存在流动障碍的分析，一般从部门或者职业间是否存在自由、充分、大量的职业流动进行检验。如果子市场间的流动是非随机、非对称的，则在某种程度上意味着存在流动障碍。但是对流动障碍的判断往往会带有很强的主观性，缺少客观、统一的标准，并且容易将缺乏流动与流动障碍相混淆。Piore 就指出各分割子市场之间是否缺乏流动性对分割理论来说并不是最重要的，存在流动障碍不应该与缺乏流动性相混淆（Piore，1980）。基于这样的理解，很多学者转而通过研究影响各子市场劳动者进行职业流动的因素是否属于非人力资本因素或者是不是非经济性因素，来判断劳动力市场分割的存在与否。这样"主要（一级）劳动力市场的就业存在非经济性的流动障碍"便成为分割理论区别于新古典理论必需的额外信息（Dickens & Lang，1985、1988）。

总之，新古典理论和劳动力市场分割理论都可以用来解释部门或者不同行业间的收入差异问题，但二者之间到底有什么区别，需要额外的信息，这个信息就来自对分割部分之间职业流动的分析。Magnac（1991）对于劳动力市场是否存在分割的判断基于两个标准：一是具有相同生产率的劳动者在不同部门的回报是否相同；二是进入正规部门的劳动者人数是否是定量配给，即是否存在职业流动的非经济性因素障碍。这两个标准对于判断劳动力市场是否存在分割，缺一不可。

在具体的实证分析中，通过验证子市场之间的收入决定机制是否存在差异，从而判断市场分割是否存在的测度方法，使用比较广泛的有基于人力资本模型的 Mincer 方程扩展、聚类分析（Cluster Analysis）以及切换回归模型（Switching Regression Model）等。基于 Mincer 工资方程的测度方法，主要采用最小二乘法（OLS）、分位回归（Quantile Regression）、固定效应、随机效应或者其他回归方法进行验证，由于人力资本模型的分割检验是建立在研究者依据一定标准，事先划分子市场的基础之上，从而很难避免截断偏差问题（Cain，1976）和样本选择问题（Heckman，1979），往往会采用"Heckman 两阶段法"等方法进行相应的控制。

聚类分析方法通过统计方法对劳动力市场中的个人样本进行分类，然后检验各子市场是否符合劳动力市场分割理论的界定，从而判断各劳动力子市场间是否存在分割。其测度的依据是：一般来讲，各分割子市场内部劳动者在个人特征、禀赋、职业等方面会具有共同的特征。由此，首先设置测度样本相似度的一系列变量作为分类依据，然后将样本根据相似的程度聚合在一起，直到将所有样本都聚合完毕，最终达到分类的目的（张昭时，2009）。该方法避免了预先划分子市场所带来的人为样本选择问题，并可以根据分类变量的设置，尽可能多地考虑影响子市场分类的各种因素，使市场分割不仅局限于二元，而可能具有多元结构（Saucy et al.，

1987）。Boston 根据 1983 年美国的调查数据，通过聚类分析方法发现美国当时的劳动者职业分布具有类似于主要劳动力市场和次要劳动力市场的二元结构特征，并且主要部门的职业特征与劳动力市场分割理论关于二元特征的描述均相吻合（Boston，1999）。聚类分析方法的问题是，其分割测度高度依赖于研究者所选的变量特征、变量数量和具体的聚类算法，也使得由此推算的结果的稳健性在一定程度上受到质疑（Leontaridi，1998）。

此后，切换回归模型便应运而生，该方法可以在未知分类的情况下对工资方程进行相应估计，比较有效地解决了截断偏差和样本选择问题，使得回归的结果更具有客观性。这一测度方法经 Dickens 和 Lang 提出，并在其一系列的论文中得到发展和完善，并最终得以广泛运用（Dickens & Lang，1985、1987、1988、1992）。这一方法依据劳动者追求一生效用最大化目标为理论依据，并认为在主要劳动力市场中，劳动者一生的效用现值大于次要劳动力市场所获得的效用现值，具体的选择方程、工资决定方程及简单的推导过程如下：

$$Z = \beta_{wi} x_i + \varepsilon_{wi} \qquad (2-2)$$

$$Y_i = \ln w_{fi} = \beta_{fi} x_i + \delta_{fi} t_i + \varepsilon_{fi}, \quad Z_i > 0 \qquad (2-3)$$

$$Y_i = \ln w_{si} = \beta_{si} x_i + \delta_{si} t_i + \varepsilon_{si}, \quad Z_i \leq 0 \qquad (2-4)$$

（2-2）式为选择方程，表示劳动者 i 在主要劳动力市场和次要劳动力市场中获得的一生效用的差值。（2-3）式、（2-4）式分别为主要劳动力市场和次要劳动力市场的工资决定方程。

式中，x_i 表示劳动者 i 可观测到的个人禀赋特征，比如性别、年龄、受教育水平、工作经验等；β 是个人特征向量回归系数；w_{fi} 和 w_{si} 分别代表当劳动者 i 处于主要劳动力市场和次要劳动力市场的工资水平；t 为劳动者的工作年限，也即代表工作经验；δ_{fi} 和 δ_{si} 则分别代表劳动者 i 处于主要劳动力市场和次要劳动力市场的工作经验回归系数；ε_i 和 x_i 不相关，但是影响工资决定的不可观测的因素。因在现实中 Z 的值无法直接观测，Y 为潜变量来代替 Z 的具体值。当 $Z>0$，劳动者进入主要劳动力市场，此时工资方程由（2-3）式决定；当 $Z \leq 0$，劳动者选择进入次要劳动力市场，工资方程由（2-4）式决定。假定 $\varepsilon_w \sim N(0,1)$，则：

$$(\varepsilon_f, \varepsilon_s, \varepsilon_w) \sim N(0, \Omega), \quad \Omega = \begin{pmatrix} \sigma_{ff} & \sigma_{fs} & \sigma_{fw} \\ \sigma_{sf} & \sigma_{ss} & \sigma_{sw} \\ \sigma_{wf} & \sigma_{ws} & 1 \end{pmatrix} \qquad (2-5)$$

据此，劳动者 i 进入主要劳动力市场的概率 λ_i 如下：

$$\lambda_i = P(U_{fi} > U_{si}) = P(Z_i > 0) = P(\varepsilon_{wi} > \beta_{wi} x_i) = 1 - \Phi(-\beta_{wi} x_i) \tag{2-6}$$

Y_i 的概率分布函数则为：

$$\begin{aligned}F(Y_i) &= F_f(Y_i \mid Z_i > 0) \times \lambda_i + F_s(Y_i \mid Z_i \leq 0) \times (1 - \lambda_i) \\ &= \frac{\int_0^{+\infty} G_f(Y_i, Z_i) \mathrm{d}z}{P(Z_i > 0)} \times \lambda_i + \frac{\int_{-\infty}^0 G_s(Y_i, Z_i) \mathrm{d}z}{P(Z_i \leq 0)} \times (1 - \lambda_i) \\ &= \int_0^{+\infty} G_f(Y_i, Z_i) \mathrm{d}z + \int_{-\infty}^0 G_s(Y_i, Z_i) \mathrm{d}z \\ &= P(Z_i > 0 \mid Y_i) \times G_f(Y_i) + P(Z_i \leq 0 \mid Y_i) \times G_s(Y_i) \end{aligned} \tag{2-7}$$

式中，$F(\cdot)$ 是分布函数，$G(\cdot)$ 是关于 Y_i 的边缘分布函数。

据此，样本的对数似然函数为：

$$LF = \ln\left(\prod_{i=1}^n F(Y_i)\right) = \sum_{i=1}^n \ln(F(Y_i)) \tag{2-8}$$

然后，使用最大似然估计方法，得到 β_f、β_s、β_w 以及 σ 的估计值，最后分别计算出劳动者进入主要劳动力市场的概率 λ_i，次要劳动力市场的概率 $(1 - \lambda_i)$ 以及模型的对数似然估计值，据此判断劳动力市场是否具有二元分割特征。

通过验证子市场之间的收入决定机制是否存在差异，并同时考虑子市场间是否存在非市场性流动障碍，来判断市场分割是否存在的测度方法，则需要综合运用到以上三种实证分析方法。由于职业流动和收入决定之间可能存在的内生性问题和选择问题，Heckman 的两阶段法以及切换回归模型的使用也较为普遍，以上方法在本书后续的实证分析中也多次用到，在后续的实证中会给予详细分析与说明。

二 职业流动与分割劳动力市场的收入决定：国外研究

国外基于职业流动视角分析劳动力市场分割及其收入决定差异的研究文献主要集中于两个层面：一是依据一定的判断标准，在划分了各分割子市场的基础上，验证不同劳动力市场上职业流动对收入决定机制的不同影响作用、分析劳动力市场分割对劳动者职业流动模式及经济后果的影响；二是通过对职业流动模式及收入差异分析验证劳动力市场的分割性，尤其是针对发展中国家和转型国家的劳动力市场。一般人们倾向于认为劳动力市场存在制度性分割是发展中国家和转型国家的基本特征，但对于这些国家劳动力市场是否存在分割的结论判断存在较大分歧。以上两个方向的研究在实证分析中,有时并不能完全做到泾渭分明。因此,本节的文献综述回顾以职业流动视角出发,研究或者验证劳动力市场分割情况及分割子市场收入决定的相关文献,区分发达国家的劳动力市场和发展中国家、转型国家的劳动力市场并分别加以整理和述评,对于单纯比较分割市场间收入差异的文献则不作整理。

Russel 和 Carnoy(1980)考察了美国 1965—1970 年劳动力市场分割对劳动力市场的两个重要影响:流动和收入决定。发现在不同的职业分割部分之间、私有竞争部门和非竞争部门之间存在显著的收入差异,同时不同工作和部门间的职业流动均受到明显抑制,可能的原因有两个:一是来自需求方,即不同工作的雇主对于劳动者教育水平的不同要求成为进入的门槛;二是来自制度障碍,即高收入、资本密集型和垄断行业规定的进入限制。这种非随机的职业流动障碍在此前也被学者证实过(Wilkinson,1981;Andrissani,1973)。Dickens 和 Lang(1985)的转换回归模型也表明一级市场的就业存在非经济性的流动障碍。这意味着劳动者起初所在部门会影响其收入回报和收入结构,而且可能在其整个职业生涯中都不得不面对这种情况。在次要劳动力市场上,教育回报率很低,劳动时间长,雇主没有动机对于任期支付收入溢价,因此劳动者的工资增长率很低,流动频繁,而且次要劳动力市场上的高流动率也反映了劳动者处于不利的市场地位(Tolbert,1996;Vosko,2002);在主要劳动力市场上情况则完全相反,教育回报率较高,劳动者的工资增长率较高,职业内稳定的收入增长机制使得劳动者的流动率也较低。

Osberg(1986)对传统分割理论中认为主要劳动力市场和次要劳动力市场间不存在流动性的观念进行了质疑,认为二者之间存在受抑制的职业流动,而不是缺乏流动。同时在纠正了样本选择偏误的基础上强调了收入是职业流动和个性特征的综合回报,并认为在主要劳动力市场上职业流动对收入增长并无显著影响,但对于次要劳动力市场而言,职业流动是决定流动者收入的重要因素。在运用 Probit 模型分析影响两个分割市场劳动者进行职业流动的因素时,发现影响职业流动的因素在不同的子市场作用机制和方向均不相同,但人力资本(教育水平)对任何子市场都没有明显影响作用,从而否定了劳动力市场是完全竞争的说法。笔者认为,"职业流动的收入效应在主要劳动力市场和次要劳动力市场上完全不同"是分割劳动力市场的一个关键特征（Osberg，1986）。Edward Funkhouser（1997b）也认为分割理论区别于竞争理论的关键信息是部门间的职业流动特征及伴随职业流动所发生的收入水平变化的部门异质性特征。

Osberg（1986）的研究与 Dickens 和 Lang（1985，1988）的研究可谓异曲同工：强调职业流动在区别新古典劳动理论的重要作用。他们的研究将分割理论的研究主流推向了职业流动障碍分析和研究职业流动在不同子市场上的收入效应方向，进而推动了分割理论的复兴。

除了广义地分析劳动力市场分割、职业流动与收入决定机制的研究外，也有文献对某项劳动力市场制度和政策造成的分割和职业流动障碍进行了研究。如 Birgitta Rabe（2007）根据德国 1985—1998 年的社会经济面板数据（SOEP），使用内生性转换的样本选择模型，考察了德国因养老金制度造成的流动障碍和收入效应问题，发现有养老金保障的工人变换工作的概率是没有养老金的1/3。且前者获得了较高的补偿溢价，如果养老金可以在工作间转移，将会增加职业流动性，但是作用很小。类似的研究还有 Andrietti（2001，2004）；Disney 和 Emmerson（2002）；McCormick 和 Hughes（1984）等。这些研究均从养老金制度出发，研究其对劳动力市场职业流动的影响后果，目的在于探讨特定的福利制度与职业流动之间的依存关系，并提出相应的改革措施，以完善劳动力市场相关制度。

学者在关注发达国家劳动力市场分割、职业流动和收入决定的同时，发展中国家和转型国家劳动力市场的特殊性成为近几年学者关注的热门话题，大量的研究探讨了拉丁美洲等一些发展中国家正规部门和非正规部门间的职业流动问题，比如 Bosch 和 Maloney（2007a；2007b）、Duryea 等（2006）、Maloney（1999）等。大多数的研究发现部门之间的职业流动水平很高，并没有明显的证据证明存在流动障碍。也有很多文献对转型国家的公共部门和私有部门之间的流动性进行了相应估计，和 OECD 国家相比，转型国家两部门间的流动水平较低（Boeri & Flinn，1999）。但有些转型到市场体制的国家，公共部门和私有部门之间却具有较高的流动水平，比如爱沙尼亚（Haltiwanger & Vodopivec，1999）和捷克斯洛伐克（Sorm & Terrell，2000）。

Duryea 等（2006，2007）以及 Carmen 和 Marco Stampini（2007）通过同时比较发展中国家和转型国家正规部门、非正规部门之间的职业流动水平和收入差异时发现，尽管转型国家在过去 10 年中都进行了相应的经济体制改革和结构调整，但和拉丁美洲国家相比，前者仍然具有较低的职业流动率，且非正规就业者比正规就业者更有可能转换到失业状态，高就业保护政策可能是造成转型国家中进入和退出正规部门水平很低的重要原因。当研究不同部门间收入差异时，却发现拉丁美洲正规部门比非正规部门获得了更高的收入溢价，而在转型国家正规部门和非正规部门的收入水平相当，甚至正规部门的收入水平低于非正规部门的收入水平。他们的研究发现从正规部门流动到非正规部门的收入效应在不同国家表现出很强的异质性。部门间的职业流动特征和收入差异的不一致性表明实际上劳动力市场可能会表现出另外两种情况：一是子市场间存在显著收入差异但伴随着高水平的职业流动；二是子市场间不存在明显的收入差异，同时子市场间又具有明显受抑制的职业流动特征。笔者认为仅依据收入差异或者流动障碍无法判断劳动力市场是否分割，只能说明存在收入分割或者流动分割。这一结果与 Edward Funkhouser（1997a）的研究一致，后者也认为部门间存在收入差异并不能说明一定和某种制度障碍相关，也不能说明该市场就是分割的，这时需要检验是否存在职业流动障碍和流动障碍背后的原因是否与收入差异相吻合，才可以判断劳动力市场是否分割，以及存在何种形式的分割。

从以上文献可知，发展中国家和转型国家的各子市场间的职业流动和收入决定之间的关系比发达国家的情况更为复杂，劳动力市场分割也表现为经济性分割和体制性分割融合而更倾向于体制性分割的特征，因此简单地照搬发达国家的理论和模型并不一定能说明本国的情况，选择合适的模型才能对本国的分割问题给予更好的诠释和解决。

三 职业流动与分割劳动力市场的收入决定：国内研究

我国作为经济转型的发展中国家，在渐进式的改革进程中，经济转型并不必然促使我国走向竞争性的市场经济体制（陈钊、万广华和陆铭，2010），体制性的惯性障碍造成的市场分割是我国劳动力市场上较为普遍的现象。在现存的国内文献中，积累了大量的关于劳动力市场收入分割状况的研究成果（蔡昉、都阳，2004；Sylvie Demueger、Martin Fournier、李实等，2009；王美艳，2005；邢春冰，2005；尹志超、甘犁，2009；钟笑寒，2006 等）。有学者认为，我国的劳动力市场目前表现出多重分割的特征（沈琴琴、张艳华，2010），较为一致的认识是分割形式包括以户籍为划分标准的城乡分割、依据国有与非国有的属性特征划分的所有制分割以及以垄断和竞争为划分依据的行业分割等。针对城市劳动力市场中体制内外的分割，学者则一般归结为两类：所有制分割（金玉国，2001，2005；陈戈，2005；邢春冰，2005；薛欣欣，2008；余向华、陈雪娟等，2011）和行业分割（罗楚亮、李实，2007；岳希明、李实等，2010）。研究这两类体制性分割较为常见的做法是依据以上所述的判定标准对劳动力市场进行子市场的划分，并假设子市场间相互"封闭"的情况下，推算不同子市场的工资函数，通过比较不同子市场间工资函数的差异和处于不同劳动力市场的个体收入差异构成因素，检验子市场间是否存在结构性的差异，从而来验证市场分割的存在性或者测量分割程度（刘小玄、曲玥，2008；Sylvie Demueger、Martin Fournier、李实等，2009；尹志超、甘犁，2009；岳希明、李实等，2010）。理论依据是：如果劳动力市场竞争比较充分，不同子市场的工资差异基本可以通过人力资本的多少给予解释，如果相同的人力资本，其回报率在不同子市场上存在显著差异，则可说明劳动力市场存在一定的分割。比如说，岳希明、李实等（2010）按照以上的思路通过分别估计处于垄断行业和竞争行业群体的工资方程，并运用 Oaxaca–Blinder 分解方法，将垄断行业与竞争行业间的分割程度进行了测量，认为垄断行业高收入的50%来源于不合理的行业分割，而不是高生产率和效率所致（岳希明、李实等，2010），只能是垄断定价的结果（丁启军，2010）。

在以上的分析框架下，大多数实证分析都验证了体制性分割的存在性，但是说服力却很有限。由于遗漏变量等问题所导致的收入差距有可能被认为是分割所致，实际上分割也许并不存在。比如，垄断行业内部和竞争行业内部也存在收入差距，但这类差距显然并不必然就是劳动力市场分割导致。同时，我国市场机制本身在不断完善的过程中可能会造成经济性的分割，由此导致的收入差异并不是体制性原因造成，因此仅靠部门间收入差异来证明劳动力市场的体制性分割缺乏足够的说服力。同时，该种分析范式对收入差异来源的解释很难与新古典理论的相应解释区分开来。解决这一问题的关键离不开对职业流动及对影响劳动力市场各部分间流动诸因素的具体剖析，且须验证收入差异和造成该种差异的流动障碍原因是否一致。但是国内研究在直接检验劳动力子市场之间职业流动障碍存在性，并以职业流动的视角来分析研究劳动力市场分割的文献并不多见，对于职业流动在分割市场上的不同收入效应也没有给予足够重视。这可能和

"体制性分割"已成为学者对我国劳动力市场的一个共识有关,分析职业流动变得似乎没有必要,但存在收入差距是否就意味着劳动力市场的分割性,值得商榷。

从总体上来说,目前国内学者对我国劳动力市场分割的研究主流还是以一定的标准事先划分各子市场,然后验证子市场间收入差异,或者说验证收入分割。只有少部分学者对各子市场的职业流动模式及收入决定关系进行了一定研究。王春光(2003)的研究认为:其实,许多经济收入差距是由职业流动中的不平等带来的。目前,职业流动中的不平等问题在中国相当突出,但却没有引起足够的重视和关注。不解决职业流动中的不平等问题,就难以缩小收入差距,难以降低整个社会不平等程度(王春光,2003)。从这一点来讲,从职业流动角度重新审视我国劳动力市场的分割很有必要。有学者认为,针对我国城镇居民的工作流动,劳动力市场分割体现为以下两种形式:(1)再分配制度下,体制内和体制外的分割;(2)市场制度下,人力资本导致的内部劳动力市场分割(张春泥,2011)。将农民工群体的工作流动考虑进来后,中国劳动力市场的分割则表现为三种形式:再分配机制下体制内外的分割,市场机制下人力资本高低的分割和户籍制度下城乡身份的分割(张春泥,2011)。显然,第一种和第三种均为体制性分割,而第二种则基本归属于市场机制下竞争导致的自然产物。

本节根据张春泥(2011)对劳动力市场分割的三种划分形式,对国内从职业流动角度研究该问题的相关文献进行整理。

(一)城市居民体制内外的分割

由于我国经济转型的渐进性特征,不同改革时期国有部门与非国有部门间的职业流动及收入决定机制表现出了阶段性的特征,吸引了学者的关注。在具体分析所有制分割对于职业流动的影响作用方面,Zhao 和 Chen 等通过比较不同所有制性质企业间的收入差异,认为20世纪90年代国有企业给员工支付较高的非工资性报酬和福利(福利分房、养老保险和医疗保险等)阻碍了劳动力从国有部门主动流向非国有部门,直到后来所有制改革进入攻坚阶段后才导致大量的国企员工被动下岗(Chen et al., 2005; Zhao, 2002)。此外,刘小玄、曲玥在对不同行业、不同地区以及不同所有制类型企业之间工资差异进行度量的基础上,采用多元回归模型对工资的决定因素进行了分析,研究结果发现,行政垄断、所有制和地区变量是企业（行业）人均工资的重要决定因素，也是造成工资差异的重要原因，因而是阻碍劳动力流动的重要壁垒（刘小玄、曲玥，2008）。他们的研究认为，垄断控制下的市场化不成熟所导致的要素流动障碍等因素是中国收入差距的重要根源之一。但是对于要素流动障碍却没有给予直接的检验，而是从不同的收入决定因素的差异分析中得到了间接的证明。

在分析职业流动对于分割子市场间收入决定机制差异方面，邢春冰依托我国经济转型和国有企业改革所带来的城市劳动力市场上劳动力从国有部门向非国有（民营）部门大量转移的基本特征，以 1997 年为"分水岭"，根据在此前后劳动力从国有部门向非国有部门转移所表现出的先"下海"后"下岗"的整体流动特征，认为前后两种不同的流动模式可以解释转型期不同所有制部门工资方程的差异：1997 年之前非国有部门的教育回报率高于国有部门，但到了 2000 年国有部门的教育回报率则比非国有部门的高（邢春冰，2007）。该研究在强调所有制性质决定不同部门收入分布重要作用的同时，关注了职业流动造成的不同部门间人力资本分布的变化，进而说明职业流动（有些是劳动力自我选择的结果，有些则是政策的结果）也是导致不同部门间收入分布不同的重要原因，单纯将不同部门收入分布的差异归因于所有制性质本身是片面的。可以说这一研究改进了国内学者只关注制度分割本身对子市场收入决定作用，而轻视职业流动对不同市场所具有的影响作用的研究做法，为学者从职业流动角度分析劳动力市场分割和收入决定机制做了有益的尝试。由于该文关注的是国有企业改革背景下所引发的城市劳动力流动及其收入差异决定因素，对处于不同行业的国有企业和非国有企业间的劳动力流动及其收入决定并没有加以区分，因此，我们对于城市劳动力市场上职业流动与不同部门间的收入决定差异和市场分割情况还有可以拓展的空间。

（二）户籍制度下城乡身份的分割

户籍制度作为一种限制农村劳动力进入城市劳动力市场的政策措施，在很长一段时间内，禁锢着农民的城乡自由流动和职业流动行为，[①] 同时也深刻地影响着农村劳动力的收入水平。改革开放后，尤其是 20 世纪 90 年代以来，城市中私营部门的大量兴起扩大了对劳动力的需求，使农民进

[①] 农民工的职业流动指的是已经进入城市劳动力市场就业的农村劳动力，实现初次职业选择后再次转换工作的情况。参见白南生和李靖（2008）、李长安（2010）、黄乾（2011）等。

入城市劳动力市场从事非农工作具备了客观条件。同时，为了迎合城市的快速发展，限制农村劳动力向城市流动的体制性、政策性壁垒得以适度松动，再加上城乡之间存在的收入差距，促使农村剩余劳动力大规模向城市转移，形成了蔚为壮观的"民工潮"。但在转移的过程中，由于户籍制度的人为限制、社会保障体系的乡城迥异性特征和农村劳动力自身较低的人力资本积累等因素，农村劳动力在城市劳动力市场上被冠以"农民工"称号从事着城镇居民所不愿从事的"低端"职业，很明显"农民工"称号既具有制度身份，同时又具有职业身份。从职业身份看，"农民工"群体长期从事非农工作，某种程度上已经脱离农业，是城市工人的一分子，是城市未来可持续发展不可分割的一部分。但从制度身份看，"农民工"只是在城市劳动力市场中从事非农工作的农民，无法与具有城镇户籍的居民平等地享有同等的福利待遇、社会保障和公共服务，更难以在城市永久性地安居乐业；这个群体一直以来仍处于城市的次要（低端）劳动力市场，从事着城镇户籍居民所不愿意从事的地位低、收入低且保障缺失的职业，一直无法取得与城镇居民平等的同城待遇。比如传达室人员、人力车夫、搬运工、建筑工人、保姆等（黄建新，2008）。由户籍不同而引发的收入差距问题最先成为国内学者研究的重点。而农民工区别于城镇居民的职业流动模式及其经济后果近些年也引起了部分学者的关注。"农民工"是一个职业流动相当频繁的群体（白南生、李靖，2008；黄乾，2011；李长安，2010），而且无论是哪个职业，其职业流动率都显著高于城镇居民，并具有区别于城镇居民的特殊性（John Knight & Linda Yueh，2004）。

  职业流动中农民工的社会地位与身份并没有发生质的变化，而仅仅是一种水平性的横向流动（李强，1999；周运清、王培刚，2002）。其中，李强的研究发现，农民工的初次职业流动实现了职业地位的较大提升，但是该群体的再次职业流动基本上是水平流动。原因在于，由于社会制度的排斥，农民工处于城市社会分层的底层，缺少地位积累、地位继承和社会资源（李强，1999）。刘士杰认为人力资本因素和制度因素使得农民工处于较低端的城市劳动力市场上，缺乏向上流动的渠道，因此职业流动并不能显著提高农民工的工资水平（刘士杰，2011），并且稳定就业农民工的工资收入水平显著高于非稳定就业农民工的相应水平（黄乾，2009）。

  严善平（2006）根据2003年年底对上海本地居民和没有上海户籍的外来劳动力（包含外来城镇劳动力和农民工）的问卷调查，通过将劳动力市场划分为正规部门（国有企业，或者职工人数30人以上的集体、三资和私营企业）、非正规部门（个体工商户、居民的家政服务人员、职工人数不满30人的各类企业）和公共部门（行政机关、大学、研究所等事业单位）三个子市场，考察了以上海为代表的大城市劳动力市场的双重分割情况。通过研究发现，上海劳动力市场上本地居民和外劳分属于不同的市场阶层，且在市场阶层之间的流动特征不相同，本地居民主要就业于正规部门或者公共部门，而外劳主要在非正规部门谋生；从非正规部门流向正规部门会带来工资收入的增加，但本地居民和外劳，以及外劳中的农民工与城镇居民实现流动的机会是不均等的。劳动者在选择不同性质的部门及在不同部门之间的流动方式，主要取决于以户籍为代表的制度因素，而不是个人的教育水平、工作经验等人力资本。同时，本地居民可以通过调换工作单位提高工资收入，但外来劳动力的流动大多是徒劳的，流动与增收的关系微弱。表明上海劳动力市场仍然存在户籍障碍，从而证明了制度歧视的存在性，我国劳动力市场仍然是二元结构的（严善平，2006）。但是该研究的统计描述显示，在非正规部门就业的外来劳动力的工资水平和本地居民的工资水平几乎相同，实证结果又表明外来劳动力在非正规部门内部流动才会有增收效果，从非正规部门流向正规部门或者正规部门内部流动都没有显著的增收效果。这个结果表明非正规部门可能是外来劳动力比较优势的选择而并不必然完全是体制性分割使然。胡凤霞、姚先国的研究也表明虽然非正规就业者工资水平低，但没有明显的证据表明非正规就业就是某些群体被挤到低级市场的结果（胡凤霞、姚先国，2011）。

黄建新认为城乡分割的二元户籍制度、城乡分割的就业管理体制以及城乡分割的二元社会保障制度严重制约着农村劳动力的职业流动（黄建新，2009）。李长安认为农民工与城镇居民之间职业流动率的总差异中除了可以观察到的个体特征影响因素外，有高达86.63%的部分无法用个人特征来解释，表明歧视性因素是导致农民工职业流动频繁的重要原因，而这种歧视性因素主要来自"个人偏见"和"制度性歧视"（李长安，2010）。张春泥（2011）则通过比较城市职工与农民工的职业流动特点及发展趋势在受到来自体制、市场和户籍的影响时所具有的差异来分析农民工频繁变换工作的原因。他的研究发现，尽管存在人力资本和所处部门对其工作流动的影响，但户籍歧视仍作为一个独立因素影响着农民工的工作稳定性，城乡身份分割依然是影响农民工频繁变换工作的关键因素（张春泥，2011）。以上的研究在一定程度上体现出我国城市劳动力市场体制性分割的存在性和复杂性。

另外，不直接比较城镇职工和农民工之间的差异，通过考察农民工职业流动次数（频率）、流动比率或者某一类流动的方法探讨其职业流动特征及其收入效应问题，并以此来反观城市劳动力市场的二元特征的研究方法，近几年也成为探讨农民工群体在城市劳动力市场上生存状态的一个方向。普遍的文献认为"农民工"是一个流动相当频繁的群体，这主要体现为其在城市就业上的高流动性与不稳定性方面（白南生、李靖，2008a，2008b；高颖，2008；黄乾，2010）。对于农民工职业流动的经济后果，有学者发现农民工频繁的职业流动背后具有经济理性或者是"用脚投票"的色彩。有文献将农民工的职业流动行为解读为是这个群体提高工资水平的主要方式（蔡昉、都阳、王美艳，2005；刘林平等，2006），同时也是争取和维护自身权益的具体行动（简新华、张建伟，2005；梁雄军、林云、邵丹萍，2007），流动性的增强提高了农民工的月平均工资水平（姚俊，2010；马瑞、仇焕广，2012）。但是由于企业无积极性对农民工进行人力资本的追加投资，农民工的人力资本和技能水平难以获得增长，最终导致农民工就业不稳定，收入难以获得持久增长（黄乾，2011）。这种情况互为因果，从而陷入恶性循环。从长期来看，既不利于农民工群体，也不利于城市化建设。而这一结果本质上恐怕还是与户籍制度带来的城镇职工与农民工在用工制度、社会保障和福利待遇等方面的二元特征息息相关。

以上结论主要是通过测度农民工变换工作及其经济后果得出，即主要通过关注农民工进入城市劳动力市场后的单纯职业流动行为来分析农民工的就业流动。但对于农民工转换工作时伴随发生的城市（地区）流动特征，以及这一行为所带来的经济后果没有得到足够的关注。

农民工无论是在进行乡城流动，还是后期进入城市劳动力市场后从事非农工作后的流动，都明显地表现出了"换（企业）工作流动"与"换（地区）城市流动"两个维度的特征（梁雄军，2007）。如梁雄军等归纳了农民工进入城市劳动力市场后二次流动的基本特点和影响因素。并认为农民工二次流动是其争取和维护自身权益的具体行动，但是大规模"换地区流动"是导致"民工荒"的一个重要原因（梁雄军，2007）。姚俊则依据以上两个维度将农民工就业流动划分为稳定型、游移型、选择型和定向型四类，认为影响农民工流动的显著因素是外出工作体验、教育程度以及收入水平，制度性因素和外出动因的影响不显著（姚俊，2011）。在涉及农民工城市流动对其收入效应的文献中，谢勇认为不同城市间的流动有利于提高工资水平，但同城流动则不利于工资提高（谢勇，2009）；姚俊则认为农民工所具有的高游移型流动就业特征是农民工实现其自身价值最大化而不得已的"理性选择"（姚俊，2010）。从以上的研究结论中，我们对于农民工城市就业流动行为中两种维度的流动特征有了一定的认识，但是对于涉及城市（地区）流动的流动者与单纯的不变换城市（地区）的职业流动者之间是否存在显著差异，尤其是城市流动对于流动农民工群体的收入增长效应如何，以上文献却没有涉及。另外，以上文献通过农民工是否变换过城市来简单地界定城市流动并衡量其收入效应的做法，无疑是将城市流动行为完全同质化了，所得的相应研究结论的准确性有值得商榷的地方。因此，结合以上两个维度的流动特征，分析农民工流动行为、频繁流动的动因及相应的经济后果，并从理论层面和实证层面给予经济学的解释，是本书需要特别关注和进行必要拓展的方面。

近几年新劳动合同法的颁布与实施、社会保障制度的不断完善以及各个省市最低工资标准的不断上调等政策措施带来的对劳动力市场的影响效果已逐渐显现，企业用工成本在一定程度上出现了上升的趋势。但实际上，社会保障制度、福利待遇以及劳动者的平等权利是否在农民工身上得到了普遍、切实的覆盖与执行，仍然有待观察。而以上的劳动力市场事实，客观上影响着企业对农民工的需求，同时也影响着农民工的劳动供给和职业流动选择机制及其收入水平，使得农民工的职业流动模式及职业流动的收入效应发生很大的改变，并有可能使近几年各地频频出现的"民工荒"现象愈演愈烈。换句话说，当以上非货币性的保障和待遇不能得到很好的实现时，可能会促使农民工的行为"短视化"，即以更为频繁的就业流动行为，去换取即期现金收入的最大化，从长期来看，这可能并不利于农民工城市融入目标和新型城市化建设的早日实现。

目前，我国取消户籍制度乡城差异的改革正在如火如荼地推进，在新形势下，农民工在城市劳动力市场上的职业流动及其收入决定作用将会发生怎样的改变，是否仍然存在歧视将是值得进一步验证和研究的话题。同时，在目前加快城镇化建设的背景下，全面地分析农民工的就业流动动因及其经济后果，对于探索农民工稳定就业、适度流动及农民工本地化就业的可行路径都有着重要的意义，值得进行深入研究。

（三）市场机制下的人力资本高低的分割

在不同的市场化阶段，人力资本（受教育程度）的高低对于劳动者的职业流动方式和流动方向有着至关重要的影响。比如，人力资本的高低在劳动者从国有部门进入非国有部门的过程中发挥的作用从阻碍走向促进的转变就证明了这一点，1992年之前教育水平起阻碍作用；1992年到1996年起正向的促进作用（郑路，1999）；1997年之后所有制改革进入攻坚阶段，在政府对国有企业实行"抓大放小"的政策下，很多国有企业中受教育水平较低和收入较低的劳动者下岗后，从国有部门被动流动到非国有部门（邢春冰，2007），此时人力资本（受教育水平）又起着负向的阻碍作用。在现有的文献中，鲜有关于人力资本、职业流动和劳动力市场分割的直接研究。吴愈晓（2011）针对国内文献将职业流动和收入分层视作两个相互独立的结果变量，割裂开来进行研究的现状，使用"2009年中国社会网络与职业经历调查"中的广州、上海、厦门、济南和西安5个城市数据，将人力资本因素、职业流动和经济地位获得置入同一个分析框架，考察了人力资本和职业流动这两个因素对处于不同劳动力市场的劳动者经济地位获得的决定作用。针对劳动力市场分割划分标准的莫衷一是，以劳动者是否具有高等教育文凭（大专或以上学历）为依据，将中国城镇劳动力市场划分成两个相互分割的子市场，高学历劳动者处于主要劳动力市场，低学历劳动者处于次要劳动力市场。通过结合新古典理论的人力资本模型和社会学"空位竞争模型"的观点，发现人力资本（教育和经验）和职业流动都是劳动者收入获得的决定因素，但在主要劳动力市场，人力资本是影响经济地位的关键因素，职业流动并不影响收入。而在次要劳动力市场，人力资本对收入增长没有太大影响；相反，职业流动对这类人群的收入却有很大的增长效应，这样处于不同劳动力市场的劳动者的经济地位获得方式具有二元路径特征（吴愈晓，2011）。该研究可以说是系统研究中国劳动力市场结构特征、职业流动和收入分层的力作，但由于文中并没有对其主要、次要劳动力市场的划分依据给予严格的佐证，即没有证明这两个子市场间是否具有"不同的收入决定机制"和"子市场间存在非经济性的流动障碍"，使这种分割依据在经验上虽有一定的合理性，但理论假说的科学性还有待考证。另外，该文没有考虑合同类型对于劳动者人力资本积累和职业稳定的影响作用，比如，一个具有本科学历的劳动者在某所高校工作，很可能签订的是临时合同，无法享受到该事业单位内部劳动力市场的升职和福利保障等待遇。因此，对于该文以是否具有大专及以上学历文凭为标准将市场划分为主、次要劳动力市场的做法显得有些过于简单，据此所得到的有关城市劳动者经济地位获得的二元结构结论的准确性有待商榷。总的来说，该研究改变了以往研究将收入分层分析和代内职业流动分析相互独立的研究模式，论证了职业流动在不同子市场上所具有的不同收入决定作用，且研究结果与西方劳动力市场分割理论的研究结果较为一致。该研究为国内外学者今后从职业流动角度并结合收入差异、跳出研究主流、进一步深化对中国劳动力市场分割问题的研究开辟了一条路径。

总体而言，国内基于职业流动及其收入效应视角来研究劳动力市场分割的文献还不充分，对于各子市场之间职业流动障碍进行直接验证的研究更是鲜有涉及。这可能和"体制性分割"已成为学者对我国劳动力市场的一个共识有关，分析职业流动变得似乎没有必要，但是我国市场机制本身在不断完善的过程中可能会造成经济性的分割，由此导致的收入差异并不是体制性原因造成。单纯的收入差异并不必然与新古典理论相矛盾，以此来证明体制性分割缺乏足够的说服力。因此在研究或者验证劳动力市场分割问题时，除了考察子市场间的收入差异外，深入分析各种制度性因素和经济性因素导致的职业流动障碍及职业流动对不同市场的收入影响作用，可能对准确理解我国劳动力市场的分割演变规律，并以此制定完善的劳动力市场政策措施更重要，同时也有助于完善我国劳动力市场分割理论的研究框架。

第三节　职业流动与收入不平等相关研究

职业流动与劳动力市场分割相关文献关注的焦点是依据不同子市场间的职业流动及其收入决定作用来研究或者验证市场的分割性。或者相反，研究劳动力市场分割对职业流动水平的影响。但对于职业流动是增加了收入不平等程度，还是缩小了收入不平等程度，却较少涉及或者不作为研究重点。微观层面的职业流动和宏观层面的收入不平等有着怎样的动态关系？国外有大量的文献对该问题进行了研究。本节将相关文献分为两类来梳理，一类是研究职业流动和总体收入不平等之间关系的文献；另一类是研究职业流动与性别工资差异的文献。

一 职业流动与总体收入不平等

Gottschalk 和 Moffitt（1994）可能是最早对收入不稳定和收入差距进行研究的学者，他认为职业流动与收入不稳定间存在显著的相关关系：职业流动使收入趋向更加不稳定，同时也加剧了同类群体间的收入差距。尤其是非自愿的职业流动直接导致了失业期间雇佣关系的不稳定，而雇佣关系的不稳定就会进一步导致显著的收入不稳定。此后很多学者对非自愿职业流动和收入不稳定间的关系、停留者和流动者收入不稳定的特征以及职业流动对收入不平等的影响效应进行了相应的研究和实证分析。

在研究非自愿流动与收入不稳定关系的文献中，学者主要关心的是非自愿流动与收入不稳定的相关关系及背后的机理。Osterman（1999）发现20世纪90年代以来，美国劳动力市场上的职业流动水平与收入不平等程度同时都增加了，而非自愿职业流动导致的失业可能加剧了高技能劳动者和低技能劳动者之间的收入不平等程度。Stevens（2001）通过研究1970—1991年非自愿职业流动（失业）对美国男性收入不稳定的影响作用，发现劳动者在失去工作之后的很多年里，之前的非自愿流动经历都显著增加了其收入的不稳定，虽然其他类型流动者的收入不稳定程度也增加了，但工资不稳定程度在经历裁员遭遇的流动者中比停留者高出很多。其他很多研究也都发现因企业关闭导致失业的工人平均工资与其之前的工作相比遭受了很大损失（Farber，2003，2005；Jacobson et al.，1993），因此暂时性工资方差在失业工人中比那些保住了工作的群体要高也是意料中的。对于非自愿流动导致收入不稳定加剧的原因解释，Ljungqvist 和 Sargent（1998）认为可能和劳动者非自愿离开企业后导致其技能贬值有关，失业后技能贬值越快，不稳定情况就越加剧。当劳动者失去工作时，拥有高技能的劳动者可以轻松应对，但是因为市场对低技能劳动者的需求下降，使得低技能劳动者很难顺利渡过这一困境，于是遭受了重大损失。因此，非自愿失业可能加剧了高技能和低技能劳动者之间的收入不平等程度（Osterman，1999）。Stevens（2001）则认为虽然非自愿流动显著增加了收入的不稳定，但是失业并不能完全解释不断提升的收入不稳定状况，宏观经济波动引发的失业概率增加和失业成本的增加是美国20世纪80年代之后收入不稳定状况恶化的重要原因。

对于停留者是否和流动者一样经历了收入不稳定的增加，研究结果很不统一。Violante（2002）认为收入不平等的增加即反映了收入不稳定的增加，而收入不稳定的增加是因为频繁的技术革新，降低了劳动者将之前的技能转移到新工作中去的能力，因此收入不稳定的加剧对于停留者和流动者来说都普遍存在，而并非有偏。但 Marco Leonardi（2003）认为收入不稳定加剧的情况更多发生在流动者之间，停留者几乎没有受到影响。Guiso 和 Schivardi（2002）从企业提供给员工保险的角度研究短暂的冲击对停留者和流动者收入的影响时同样发现：短暂的对企业利润的冲击并没有影响到停留者的收入，但对于流动者来说影响就比较大。

在关注非自愿流动和收入不稳定关系的同时，Polsky 的研究表明职业流动可能催生了更大的收入不平等：对于自愿流动的劳动者来说，他们收入之间的方差从 1976—1981 年的 34.6% 上升到了 1986—1991 年的 108.4%（Polsky，1999）。其他关于职业流动和收入不平等关系的实证研究也表明职业流动对工人工资方差变化的影响效应在增加（Bernhardt et al.，1999；Stevens，2001）。Jin Li（2007）、Stewart（2002）的研究显示如果技术有偏的科技变革有利于一般技能的应用，那么职业流动增加的同时收入不平等程度也将增加。Kambourov 和 Manovskii（2009）的研究则发现如果人力资本是专有人力资本的话，群组内收入不平等的加剧和职业流动（occupational mobility）是紧密相关的。如果企业相关的专有人力资本的重要性减弱了，那么职业流动导致的收入不平等就不会这么大。

在分析职业流动对收入不平等影响效应的实证研究中，"方差成分模型"是使用频率较高的计量模型，在估计职业流动对收入不平等贡献份额时，将增长的收入不平等分解为"永久性成分"和"暂时性成分"两部分（Bernhardt et. al.，2001；Leonardi，Marco，2003；Stevens，2001），暂时性成分的变动反映的就是职业流动对于收入不平等的影响。但是方差成分模型不能体现职业流动对于永久性收入的影响效应，因为永久性收入的系数是一个"个体固定效应"（fixed individual effect）。实际上，工作转变可能也会影响永久性收入。如果劳动者转变工作后，进入了高工资或者低工资的单位，那么劳动者的工资增长就会进入不同的增长轨道。这样将样本区分为停留者和流动者，并将转变工作对收入不平等的影响效应都解释为暂时性工资变化，就会低估工作转变对于劳动者永久性收入分层的长期效应。同时方差成分模型无法将因为雇主间流动因素和雇主内收入增长因素造成的不平等进行总体分解。针对"方差成分模型"的不足之处，Ted 和 Kalleberg（2010）运用非参数方差分解方法，根据 PSID 1977—2005 年关于美国男性收入和职业流动的数据，将影响收入不平等变化的因素分解为职业内收入变化和职业间流动引起的收入上涨及收入下降三个因素，发现向下的职业流动对于两年期的收入不平等影响最大，但这种效应随着时间而逐渐降低。在为期 8 年的考察时间里，收入不平等加剧的 39% 可以由失业效应来解释，而停留者收入增长率的差异可以解释收入不平等加剧的 52%。这个结论与内部劳动力市场的衰落改变了职业流动对收入增长的影响并造成了不平等增加的推论一致。不管职业流动水平是增加还是减少，工人发现自己的就业和收入取决于外部劳动力市场的供给和需求，对于高技能劳动力来说，这意味着是可以更好地获取更高收入的机会，而低技能的劳动力由于没有了内部市场的保护，便会获得低收入，这样收入不平等的状况就变得更差了。

二　职业流动与性别工资差异

劳动者职业生涯的最初几年是工资增长最快的时间段（Topel & Ward, 1992），在这个时间段里，如果女性的工资增长率低于男性的工资增长率，将会影响到她们整个生命周期的收入水平。大量的实证研究论述了职业流动对男性工资增长的重要作用。比如 Bartel 和 Borjas（1981）发现主动的职业流动有正向的工资回报。Mincer（1986）也发现男性职业流动的工资回报除了年纪大的劳动者和被辞退的情况外，都是正向的。Topel 和 Ward（1992）更是发现男性具有很高的职业流动水平，而且其工作起初 10 年中经历的将近 1/3 的工资增长归功于职业流动。

那么，男性和女性的职业流动模式是否相同，职业流动的收入回报是否存在性别差异？性别工资差异到底和职业流动有什么样的关系？很多学者对此做了相关研究，但并没有完全统一的结论。Loprest 的研究表明对于连续工作并满 4 年的年轻男性来说，转变工作带来的收入增长是女性的 2 倍，部分原因可能和女性更易从全职工作转为兼职工作而导致其收入增长下降有关。其研究进一步指出，男性和女性职业流动模式和职业流动回报的差异在很大程度上可以解释男性和女性之间的收入增长差异（Loprest, 1992）。在面临变换工作地点的职业流动时，男性会得到家庭的支持，并获得收入增长（Yankow, 2003），但女性往往不被家庭所支持（Hardill, 2002）。当夫妻两个都自愿转换工作时，女性面临工资降低的向下职业流动的概率是男性的 2 倍，而男性则往往获得收入上涨的职业流动（Dwyer，2004）。从以上的研究中可以得出这样的结论：职业流动回报存在性别差异，并且职业流动是造成性别工资差异的重要原因。

然而，早期的关于自愿流动的研究发现，在其他情况都相同的条件下，女性和男性具有相同的辞职倾向（Viscusi，1980；Blau & Kahn，1981b），女性和男性相比可能倾向于较低的辞职行为，这取决于女性是否完成了生育大计（Light & Ureta，1992）。且女性比男性经历了较少的非自愿离职情形，男性从非自愿离职中遭遇了更大的收入损失，即男性受到解雇的负面影响要比女性大（Blau & Kahn，1981a）。Abbott 和 Beach（1994）认为女性职业流动的回报大小与 Mincer（1986）及 Holmlund（1984）发现的男性职业流动回报相同，即并不存在职业流动回报的性别差异。对夫妻双方都有工作且均处于管理阶层、专业技术阶层的家庭来说，累积职业流动回报并不存在性别差异（Valcour & Tolbert，2003）。相同流动类型的每一种累积职业流动的工资效应并不存在性别差异（Keith & McWilliams，1995；Sylvia Fuller，2008），当将职业流动的背后原因也考虑进去之后，职业流动的收入效应并不存在显著的性别差异（Keith & McWilliams，1997）。

职业流动的收入效应是否存在性别差异，结论并不一致，导致结论不统一的原因是什么？很多学者从男性和女性具有不同的职业流动历史、不同的职业流动类型、不同的在职搜寻行为，以及家庭对女性职业流动的影响、社会对男性和女性职业流动的不同理解来寻求答案。

Keith 和 McWilliams 将职业流动区分为自愿流动和非自愿流动并细分为经济原因的自愿流动、家庭原因的自愿流动、失业与解雇四种类型，发现男性和女性的职业流动历史存在很大的性别差异：非自愿流动中男性更易被解雇或裁员，因此易遭受更大损失；自愿流动中女性则更易因为家庭原因而辞职（Keith & McWilliams，1995）。Light 和 Ureta（1995）以及 Hsueh 和 Tienda（1996）的研究也发现女性通常比男性更易因为家庭、孩子生养等原因阶段性地离开劳动力市场，这意味着女性往往在失业状态下寻找新工作，所以女性在职业流动过程中如果经历了失业，遭受的收入损失将远远大于男性（Gottschalk，2001）。Keith 和 McWilliams 利用 1980—1991 年的美国青年纵向追踪数据（NLSY）分析了年轻男性和女性的职业流动模式及其收入增长效应的性别差异，发现男性和女性的职业流动模式存在很大的性别差异，但是具体的不同类型职业流动的收入增长效应并不存在显著的性别差异，不考虑职业流动背后的原因，得出的实证结果可能是有偏差的（Keith & McWilliams，1997）。他们的研究结果指出，此前有关不同性别职业流动及其收入效应的文献的结论很不一致，可能与没有区分职业流动背后的原因和具体的职业流动类型有很大的关系。此后学者的研究也验证了不同类型职业流动具有不同的收入效应，如果不加以区别则可能因为各种职业流动收入效应的抵消作用，得到一个总体上有误的结论（Sylvia Fuller，2008）。本书在后续第五章的实证分析中通过借鉴 Keith 和 McWilliams 的分析思路，并结合中国的特殊国情，构建适宜的计量模型，对我国男性农民工和女性农民工职业流动行为及其收入增长效应进行了深入的分析，具体的计量模型将在该部分给予详细介绍。

Keith 和 McWilliams（1999）利用美国青年纵向追踪调查数据（NLSY）对青年男女的在职搜寻、职业流动行为及其交互项的回报进行了更为深入的分析和验证，研究结果发现，在职搜寻与职业流动具有互相促进的作用，在职搜寻对于劳动者所带来的收入效应通过职业流动得以实现，而职业流动对于劳动者正向的收入效应需要通过在职搜寻得以扩大。职业流动模式和在职搜寻行为的确存在显著的性别差异，但是对于某一个给定的行为，其回报并不存在显著的差异。也就是说，相同的在职搜寻行为和职业流动对于男性和女性的收入回报是无差异的。不论是男性还是女性在其早期职业生涯中都经历了大量的在职搜寻和职业流动，并且给他们带来了收入增长的好处。男性无论在何种状态下，均比女性有更多的在职搜寻工作行为，女性因为流动前的在职搜寻工作行为较少，致使其工资增长没有男性高。职业流动的收入回报绝大多数是被那些工作时就已经展开在职搜寻，并且是因为非家庭原因辞职的流动者获得了，造成性别工资差异更为重要的作用因素可能是在职搜寻工作行为的性别差异。Brett 和 Stroh（1997）、Light（2005）、Loprest（1992）均发现女性往往面临更为糟糕的职业流动结果，在很大程度上可以从在职搜寻工作行为的性别差异中找到答案。Crossley 等（1994）和 Manning（2008）的研究也证明了这一点。因此，男性和女性在职业流动类型、在职搜寻行为方面的性别差异在很大程度上可以解释职业流动回报的性别差异。

除此之外，家庭因素对男性和女性不同的影响作用，可能是导致女性职业流动回报较低的另一重要原因。早期的研究表明家庭中孩子的总数以及学龄前儿童的个数也将会提高女性在家工作的概率，婚姻会降低女性在劳动力市场上的劳动供给，而增加在家工作的时间（Bloch，1973；Gronau，1976）。同时，婚姻会降低年轻女性进行在职搜寻的可能性，但是婚姻对于年轻男性在职搜寻行为的影响并不显著（Parsons，1991）。Felmlee 的研究也表明孩子会降低已婚女性职业流动的灵活性，由孩子带来的家庭压力则会促使已婚女性从全职工作转换为兼职工作（Felmlee，1982），这也意味着女性尤其是已婚女性比男性需要承担更多的家庭劳动和责任。随着女性投入到家庭中的时间及劳动的增多，其可投在工作搜寻方面的时间和精力必然会受到挤压。研究表明，在没有收入的时间里，女性投入到家庭事务的时间是男性的 3 倍，比如照料小孩、做饭、打扫房间、洗衣服等家务劳动。因此，女性进行工作搜寻将会面临更高的机会成本，自然其保留工资水平和工作搜寻的收益相对于男性来说较低（Hersch & Stratton，1997）；Booth 和 Francesconi 的研究也表明，婚姻、丈夫、孩子等家庭因素会对女性形成较大的约束，并且会提高女性进行职业流动的成本，因此对女性职业流动具有负向作用（Booth & Francesconi，2000）。而且，女性因为生育责任和照看孩子等原因被迫中断工作，造成女性比男性拥有较少的工作经验（Kunze，2000）。同时社会上往往也将有工作中断历史的女性职业流动者看作非工作原因的流动，或者认为她们更适合于家庭劳动，而在工作上并不尽职尽责，因此在实证研究中通常发现，已婚女性和有孩子的母亲在职业流动中得到的回报低于未婚、没有孩子且对劳动力市场依附性更强的女性。但是家庭因素似乎并不会影响到男性的工作，甚至已婚和有孩子在某种程度上是男性负责任的表现，因此反而会有助于男性获得更高的报酬（Sylvia Fuller，2008）。此外，女性的职业流动回报低于男性的原因还可能因为女性的职业流动往往不是由物质因素驱动，而更多受非物质性因素的制约，比如灵活的工作时间、较少的出差时间、单位离家更近等。当然这些约束性的因素和女性必须在家庭中承担更多的责任有关。由于以上这些制约性因素的存在，女性往往会选择技术含量较低、容易驾驭的工作，自然获得高报酬的好工作的可能性就大大下降了（Manning，2008）。Emilia（2011）通过对意大利劳动力市场的研究也发现虽然男性和女性的职业流动回报存在差异，但是他认为这种性别差异主要和向大企业流动时存在显著的性别差异有关，而不是因为流动倾向或者性别歧视原因；职业流动模式的性别差异也不是因为非自愿的流动或者生育原因，而可能和谈判行为以及补偿性工资差异有关（Emilia，2011）。

从以上的文献可以看出，职业流动及其收入回报是否存在性别不平等现象，不仅需要考虑职业流动的类型、职业流动模式的性别差异及背后具体的原因，尤其是家庭因素对男性和女性职业流动的显著不同影响，还需要了解在职搜寻工作行为的性别差异，否则得出的结论就可能是有偏的，这可能也是导致以上文献对于职业流动与性别工资差异结论不一致的原因所在。

三 国内关于职业流动与收入不平等相关研究

国内关于职业流动与收入不平等的研究，起因于学者对经济体制改革过程所伴随的大量的从体制内向体制外的劳动力流动及由此引起的体制内外群体间收入分化的关注。劳动者从国有部门到市场部门的流动是经济转型过程中的重要组成部分（Gerber，2002），而劳动力的选择过程对劳动力市场结果会产生很大的影响，如导致收入不平等。Wu 和 Xie 将劳动者分为体制内人员（一直留在国有部门）、早期进入者（改革初期在市场部门且一直在市场部门的劳动者）、后期进入者（起初在国有部门，后来进入到国有部门）和市场失败者（最初在市场部门，后又退回到国有部门）四类群体，研究了劳动者从国有部门到市场部门的就业流动是如何影响当前收入的。通过比较不同群体间的教育回报差异，发现后期进入者获得了更高的教育回报，而前期进入者的教育回报率和收入水平则和留在国有部门的劳动者相同（Wu & Xie，2003）。从而认为市场部门教育回报率高于国有部门并不是因为市场机制更加有效，而是劳动者从国有部门到市场部门的选择性流动机制使然，作者在这里强调了流动时间的先后对教育回报率的影响。由于后期进入者包含"下海"和下岗两种情况，但文中并没有加以区分，再加上选择基准（体制内人员）的问题和没有直接的证据支持其结论等原因，该研究曾受到 Ben Jann（2005）的质疑。后来吴晓刚（2008）对后期进入者进一步区分自愿进入和下岗被动推入两种类型，考察了1993—2000年经济转型引起的城市自愿与非自愿就业流动与收入不平等的关系。认为通常观察到的市场部门从业人员收入较高这一现象，仅局限于后期自愿进入者这一社会群体，个体进入市场部门的不同类型的职业流动形式给宏观层面的收入不平等带来的影响并不相同，Wu 和 Xie（2003）的结论只是部分正确。

王春光（2003）从代际职业流动和代内职业流动两个角度研究了中

国职业流动的不平等，认为要深入探讨当前中国社会的不平等问题，并从理论和政策上提出一些解决方案，仅停留在对经济收入差异的分析上还是不够的，实际上许多经济收入差距是由于职业流动过程中的机会不平等带来的。只有改变职业流动过程中的制度性不平等和结构性不平等（家庭背景、户籍制度、所有制等），才能缩小社会不平等。中国存在普遍的职业流动不平等现象，但是该问题并没有引起足够的重视（王春光，2003）。

总的来说，国内鲜有探讨当前劳动力市场职业流动和收入不平等关系的研究，已有的文献也多将职业流动和收入不平等割裂开来研究。在市场经济体制改革不断深化的过程中，职业流动已经成为劳动力市场的一种常态并对劳动者的收入变化起着举足轻重的作用，雇佣关系的改变使职业流动对收入增长的作用和对收入不平等加剧的影响发生着新的变化，因此从职业流动视角研究中国收入不平等的动态演变规律有其理论和现实重要性。

而关于职业流动和性别差异相关的经济学意义上的研究，分析较多的是职业流动模式的性别差异及女性群体的职业流动现状和影响因素（黄建新，2009；蒋美华，2009；宋月萍，2007；石智雷、余驰，2011 等），并更多是从广义的劳动力流动角度分析其流动的影响因素（李实，2001；苏群、刘华，2003）。比如，Yi 和 Chien 对天津已婚女性就业问题进行分析，发现受到婚姻和家庭影响，已婚女性由正式劳动部门向非正式劳动部门转换的趋势日益明显，相对于丈夫，已婚女性更有可能因为家庭而转换工作（Yi & Chien，2002）。石智雷等发现家庭禀赋和人力资本对于城乡女性就业流动性的影响具有较大差异，总体来说，人力资本变量对女性就业流动次数起主要作用。同时城市劳动力市场依然存在对女性劳动力的就业歧视，从而削弱了其人力资本在劳动力市场上的竞争力（石智雷、余驰，2011）。但鲜有文献涉及职业流动回报的性别差异以及职业流动到底在多大程度上影响着性别工资差异。曹阳等（Yang Cao & Chiung－Yin Hu）根据 1997 年中国沿海 6 个城市的数据，对不同职业流动类型的性别差异进行了研究。在计划经济条件下，由于政策的原因，性别工资差异不大，在经济转型过程中，女性面临更大的下岗压力，来自市场竞争的压力也逐渐增大，在这样的宏观经济环境下，男性更可能面临收入增加的向上就业流动，而女性面临收入下降的向下就业流动的概率则更大，但该研究也没有进一步详细比较职业流动行为及其工资效应的性别异质性。宋月萍（2007）根据第二次中国妇女社会地位调查数据，通过研究对象的首职地位和现职地位的比较，发现人力资本因素不能完全解释中国城市劳动力市场上存在的职业流动的性别差异，家庭特征、社会资本和劳动力市场结构的变动对职业流动模式的性别差异都有显著影响，但是该研究没有进一步研究职业流动回报的性别差异。一般意义上讲，女性和农村劳动力是劳动力市场上的弱势群体，更易受到劳动力市场的制度性障碍影响。农村女性劳动力由于具有农村劳动力和女性双重身份，因此在城市劳动力市场中处于边缘化的弱势群体，为了提高收入、改善工作条件，外来农村女性会选择职业流动，其中20—39岁、具有初中文化水平和掌握了一定技能的外来农村女性具有较高的职业流动频率；相对于已婚女性，未婚的农村女性劳动力职业流动更为频繁；但户籍制度的存在从根本上限制了城市的对外开放程度，农村女性完全融入城市，并自由进行职业流动的可能性大打折扣（孙琼如，2007）。

因此，在改革开放30多年后，男性和女性的职业流动模式与性别工资差异以及收入不平等间的关系到底如何，到目前为止并没有系统的研究，对于男性农民工和女性农民工的职业流动及收入效应性别差异的研究更是少有人涉及，这也是需要进一步研究和探讨的领域。

第四节 现有研究述评与拓展方向

职业流动作为影响劳动者收入增长水平、劳动力市场分割以及宏观层面收入不平等的重要因素之一受到了学界的广泛关注。现实中，由于各国经济体制和劳动力市场竞争程度不完全相同，反映在职业流动水平、职业流动与子市场收入决定及收入不平等之间的关系上也存在较大的差异，如何理解这些差异既是一个有争议的学术议题，同时又带有鲜明的政策指向。通过对现有的关于职业流动与收入决定关系相关研究的回顾与梳理，可以对已有的成果作一鸟瞰，并为研究中国劳动力市场以及改进和完善相关体制措施提供相应的理论依据。

在本章的文献回顾中，首先，对职业流动的概念给予了明确的界定，这样就避免了文献梳理和本书研究前后不一致而有可能出现混乱的情况。

在此基础上回顾了职业流动与收入增长的经典的新古典理论模型,并指出了每个模型之间的区别和适用性,在实证研究应用中,经典模型未必泾渭分明,也就是说职业流动的收入增长效应可能是人力资本、工作搜寻与职业匹配综合作用的结果,因此基于不同理论假设的研究文献得出的结果不尽相同,实际上也很难得到统一。

其次,立足于劳动力市场的非同质性和非完全竞争性认知,本章梳理了劳动力市场分割理论分析范式下,职业流动与收入决定的相关文献。劳动力市场的分割理论模型认为劳动力市场并不是同质的,不同的市场分割部分具有不同的工资决定机制和劳动力配置模式;各分割市场之间存在显著的流动障碍,这种流动障碍由技能的差异以及各种正式和非正式的制度规则决定(Kerr,1954)。由于发展中国家和转型国家的市场经济体制与西方发达国家相比还远未完善,因此这些国家的劳动力市场更有可能存在各种体制性的分割。近几年,这类研究更侧重于对这些国家劳动力市场的分析,但是在实证分析中发现发展中国家和转型国家的相应问题要比西方发达国家复杂很多,会出现"收入分割"、"职业流动分割"及二者合并出现的情况,表明体制性问题在发展中国家的复杂性,西方的理论模型并不一定完全适用于发展中国家的具体国情。目前,国内的相关文献较多侧重于分析收入分割,涉及"职业流动分割"的较少,考虑到职业流动可能是劳动力市场分割的结果,同时受抑制的职业流动又是劳动力市场分割的有力证据。在运用劳动力市场分割理论解释职业流动时可能会出现循环论证问题,因此结合"收入分割"与"职业流动分割"且重点分析影响职业流动的经济性因素和体制性因素就显得非常重要。

最后,本章回顾了职业流动与收入不平等的相关文献,这类研究较为一致的结论是不同类型的微观层面的职业流动确实会影响宏观层面的收入不稳定与收入不平等。本章从职业流动与收入不平等、职业流动与性别工资差异两个方面进行了分类梳理。性别工资差异是各国劳动力市场上较为普遍存在的一个现象,国外有关职业流动与性别收入差异的相关文献浩如烟海,但是结果很不统一。这可能与考察职业流动及其收入回报是否存在性别不平等现象,不仅需要考虑职业流动的类型、职业流动模式的性别差异及背后具体的原因,尤其是家庭因素对男性和女性职业流动的显著不同影响,还需要了解在职搜寻工作行为的性别差异以及个人禀赋、社会因素有很大的关系。

从我国现有的关于职业流动与收入决定的相关文献研究结论并结合我国劳动力市场的现实情况来看，我国劳动力市场的职业流动水平与结构既受体制性因素的制约，也与市场竞争有很大关系，但因为我国这方面的研究起步比较晚，相关研究还远未完善，本书认为职业流动对收入决定影响作用的研究还有可以拓展的空间。总的来说，目前国内文献缺乏不同劳动力市场条件下，职业流动对收入决定不同影响作用的全景式分析与比较，结论的政策指向性也较模糊。因此，有必要以近几年普遍关注的行业收入决定差异与农民工流动问题为切入点，进行典型研究，以考察不同群体在不同的市场竞争和体制性约束条件下，职业流动对劳动力资源配置的不同体现，从而为劳动力市场整合与改革提供较全面的理论依据与实证证据。具体来说，可拓展的空间体现为以下几点：

第一，目前国内关于职业流动与劳动力市场分割的相关研究主流还聚焦于分析、分解子市场间的收入差异，从而验证劳动力市场的结构性特征及劳动力市场的体制性分割问题。即基本还处于研究"收入分割"的状态，涉及直接验证"职业流动分割"并将二者结合起来考察市场分割及相应结果的文献很少。这可能和"体制性分割"已深入人心有关，分析职业流动变得似乎无足轻重，但是这样做至少会产生以下三个问题：

（1）新古典理论和劳动力市场分割理论均可解释收入差距问题，因此，"收入分割"并不必然保证可以得出劳动力市场体制性分割的结论。我国市场机制在不断发展完善的过程中，由于市场竞争的结果，也可能会造成一定的市场性分割，由此导致的收入决定机制的差异显然并不完全是体制性问题。

（2）忽略各子市场间的职业流动或假设其不存在，与我国劳动力市场上职业流动已很常见的事实不相吻合，因此所得结果的准确性有待商榷。

（3）简单地分析子市场间的收入差距问题，往往倾向于将各子市场内部的差异完全同质化。但实际上子市场内部的异质性也是引起收入不平等的一个不可忽视的重要因素。因此，有必要跳出现有的研究框架并利用合适的数据，在已知存在收入差距的基础上，通过获取额外的有关职业流动障碍和影响职业流动的各种制度性因素、经济性因素及伴随职业流动的劳动者收入水平变化的部门差异等多维信息，对目前普遍认为的行业分割、所有制分割进行不同视角的分析。而对于职业流动对不同子市场收入决定机制的影响作用也有待进一步分析研究。

第二，目前国内涉及职业流动及其收入影响作用的研究，更多聚焦于职业流动对流动者后续收入的影响方面，也积累了较多值得借鉴的研究成果。但是却罕有直接比较职业流动前后收入增长变化的文献，目前至少还有以下问题有待进一步分析并给予解决：

（1）单纯的职业流动对流动者后续收入的影响作用分析，较难克服职业流动的内生性问题。

（2）前人的研究基本以停留者作为参照对象来考察职业流动的收入增长效应，这样可能会加重样本选择问题。同时，因为没有考虑停留者"职业内收入增长"因素，可能会高估或者低估职业流动的收入增长效应，因此选择正确的参照对象、样本总体，构建合适的职业流动收入增长模型可能对于科学分析职业流动的收入增长作用非常重要。

第三，国外关于职业流动与收入效应的性别不平等文献已经积累了大量的有益成果，但目前国内还鲜有研究。因此，我们对于不同性别的城镇居民和农民工职业流动及其经济后果的性别差异都缺乏必要的了解。在我国城市劳动力市场上，农民工的职业流动具有不同于城镇居民职业流动的特殊性（John Knight & Linda Yueh，2004），这引起了学者的关注，但是当学者关注这个群体频繁的职业流动特征及经济后果时，多采用将农民工群体同质化的方法。虽然近几年学者开始关注农民工的代际差异现象，但是农民工的性别异质性问题却没有引起足够的重视，这显然不利于我们认识农民工职业流动的全貌，也不利于城镇化建设中"人"这一核心问题的解决，同时也不利于农民工"适度流动、稳定就业"目标的更好实现。因此，研究农民工职业流动及其收入效应的性别差异具有很强的理论意义和现实重要性。

另外，现有的文献在分析农民工的流动问题时，形成了前后割裂的分析模式，在分析农民工的城乡流动时，关注的焦点是农民工从农村流动到城市的行为及其对收入差距的影响，而很少关心职业变换及其收入效应；但在分析农民工进入城市劳动力市场后的职业流动行为时，又往往只关注农民工的职业流动及其收入效应情况，很少关注农民工在进行职业流动的时候是否发生了地区和城市的变换及其对农民工的收入增长的影响作用。实际上伴随职业流动所发生的高比例的"迁移型职业流动"现象恰恰是农民工进入城市劳动力市场后流动就业的特殊性所在。因此，构建合适的职业流动的收入增长模型，对具有中国特色的农民工职业流动的收入增长现象进行深入细致的研究，对于职业流动与收入增长理论本身在中国的应用和发展，以及对农民工群体频繁的职业流动行为的理论分析和现实解释均具有重要的指导作用和意义。

第四，不同原因导致的不同类型的职业流动行为具有不同的收入效应，但是目前国内的研究较多还是从流动次数（频率）、流动比率或者某一类流动的角度分析职业流动特征及其收入效应，基于不同动机和原因的不同类型职业流动及其收入效应的差异比较没有得到足够的重视。当用流动次数（频率）、流动劳动力比率等较笼统的方法来描述职业流动时，无疑是将职业流动行为同质化并混淆了不同类型职业流动的收入效应。因此，容易将不同类型职业流动的不同收入效应模糊化甚至相互抵消，在此基础上得到的结论有可能就是总体有误的。实际上不同动机引发的职业流动的收入效应差异很大，如白南生等将所调查的北京市 728 名农民工离职原因划分为完全自愿的离职、相对被动的离职、完全被动的离职和其他类四种类型。和完全被动的离职相比，主动的离职有可能实现向上流动（白南生、李靖，2008b）；黄乾将农民工的就业流动区分为行业内流动和行业间流动，发现两种类型流动的收入效应对不同收入层的农民工大不相同（黄乾，2010）。但以上分类没有关注到工作原因和家庭原因流动的区别，职业流动类型的划分还不完全，也没有关注在职搜寻在其中所起的作用。因此，为了更准确清晰地了解职业流动及其收入效应，我们不仅需要区分职业流动类型，还应该考虑职业流动背后的原因和动机，以及表征未来职业流动可能性的在职搜寻特征，并与以往的研究进行多层比较，以便获得有关职业流动与收入决定更为有用的信息。

第三章　职业流动收入效应理论分析

第一节　我国劳动力市场的职业流动现象

一　城镇户籍居民职业流动

计划经济条件下，劳动力资源的配置主要体现为政府"统包统分"和"一次分配定终生"的就业制度，在这种资源配置方式下，不同单位组织之间几乎是封闭的，社会成员所属单位及与此相关的社会地位，均由国家直接分配，基本排除了个人的选择。职工一旦进入某一用人单位，便成为固定工，具有稳定的工作岗位，可用"铁饭碗"来形容，职工与用人单位间的关系基本属于"终身制"。在这种情形下，企业和劳动者之间的劳动关系体现为劳动行政关系，这种关系的调整、调节表现为政府的劳动行政管理，且政府劳动行政相关机构在调节用人单位和劳动者之间劳动关系中具有完全至高无上的权力。国家通过劳动者的就业单位对人员进行相应的管理，个人档案基本由单位人事部门统一保管，这为单位控制劳动力向外流动提供了便利条件。政府在宏观层面上的统包统分制度和企业在微观层面上的固定工制度，在计划经济体制下得到最大限度的强化。一方面，国家根据需要自上而下地直接将某人调入或调出某一单位（主要针对干部而言）；另一方面，个人的流动意愿只有经过国家批准，以调动的方式才能得以实现。从严格意义上讲，在这种单位体制下只存在着调动而没有原本意义上的工作转换或者职业流动，劳动力要素自由流动、自由择业和自由签约的可能性微乎其微，个人严重依赖于就业单位，劳动力进入劳动力市场时的初职几乎会伴随其整个职业生涯。

从1980年我国进行劳动合同制试点工作开始，到1994年7月我国通过并颁布《中华人民共和国劳动法》，标志着我国劳动合同制度的正式确立，这一制度的确立，表明我国劳动关系已初步具有市场经济性质，劳动者和用人单位之间的劳动关系由计划经济条件下的行政关系开始演变为市场经济条件下的两个独立主体之间平等、自由的契约关系。之后，这一法律法规又经过多次补充，一直到 2007 年 6 月新劳动合同法的颁布，标志着我国社会主义市场经济条件下以劳动合同制度为核心的劳动力市场改革的成熟和完善。劳动法规定了用人单位和劳动者建立劳动关系时应当签订劳动合同，并须符合劳动法的相关规定。劳动关系的确立是双方在劳动力市场谈判的结果，并且劳动关系不再是国家行政计划和调配关系，而是劳动者与用人单位之间的关系，劳动关系和劳动合同的具体内容由用人单位和劳动者通过市场的谈判得以确立；劳动关系呈现多样性和分化的局面；各用人单位之间以及同一用人单位内部不同劳动者与用人单位之间建立的劳动关系允许有较大差别。因此，市场经济条件下，劳动力资源的配置则主要体现为以市场配置为主导的"双向选择"、"自主择业"的就业制度。劳动者与用人单位间双向选择的建立，以及"合同制"和"聘任制"等劳动合同制的推行，表明职业流动中的能上不能下的规则得以被打破，个人与单位的关系逐步从一种完全被动的依附状态向契约性关系转变，劳动力要素在契约的基础上基本可以依据个人选择进行自由流动。因此，职业流动是市场经济条件下劳动力市场上较为普遍的现象。

  改革开放后，伴随着我国社会主义计划经济向社会主义市场经济的逐步转变及市场经济合法地位的最终确立和市场经济体制改革的不断深化完善，我国劳动力市场也发生了巨大的结构性变化，人们在劳动力市场中的职业流动便成为经济转型这一大的社会变迁过程中必然出现的现象和不可或缺的一部分。其中，以国有企业改革对劳动力市场的影响更为深远，因此，劳动力市场中具有城镇户籍的劳动者从体制内向体制外的流动也表现得更为突出，尤其从国有部门向市场部门的流动，自改革开放以来大幅增加。从历史数据看，1978 年，全国只有 15 万左右的人在市场部门工作，1999 年在市场部门的工作人数则上升到 6241 万人，20 年内翻了 416 倍。[①] 整个 20 世纪 90 年代，伴随着民营经济在国民经济中地位的确立以及所有制结构的调整，大量的劳动力从体制内的公有部门转移到体制外的民营部门。以城镇地区为例，1990 年国有部门以及集体部门的劳动力数量分别

---

① http://www.stats.gov.cn，国家统计局网，2000。

占到当年年底在职人员数量的61%和21%，其他类型部门的劳动力数量则仅为18%，但是到了2000年，前两者所占的比重分别降到了35%和6%，后者的比重则增加到了59%（邢春冰，2007）。

在中国城市劳动力市场的转型过程中，一方面，大批的优秀人才自愿放弃国有部门或者是体制内的职位转而流动到市场部门谋发展，也就是人们常说的"下海"；另一方面，越来越多的职工因为国有企业改革、国有企业不景气而被迫下岗，从而流动到市场部门。Wu和Xie将城镇居民的职业流动划分为四个类型：（1）在国有部门工作并继续留在国有部门（体制性人员）；（2）早期进入市场部门并留在市场部门（早期进入者）；（3）最初在国有部门，之后转入市场部门（后期进入者）；（4）最初在市场部门，后又退回到国有部门（市场失败者）（Wu & Xie, 2003）。

对于早期进入者，主要对应的是经济体制改革初期，中央对于大型国有企业的改革十分缓慢和谨慎，只是减少中小国有企业的数量（Dong, 2004），而此时市场部门顺应市场经济体制改革的春风开始蓬勃发展，前景光明，体制内有一定能力的干部和专业技术人员越来越多地放弃原国有部门的工作，转向体制外的私有部门寻求新的更好的发展机遇，此类从体制内转换到体制外的就业流动，被形象地称为"下海"。在该阶段选择"下海"的劳动者多属于富于创业能力和具有冒险精神的人，其就业流动主要表现为以主动自愿形式寻找更加适合、匹配更佳和预期收入更高的工作，所以这批流动者无论是前期在体制内单位还是后来进入体制外民营单位基本都处于工资收入水平较高的这一层级。

后期进入者某种程度上则更多地对应于1997年之后从体制内流动进入市场的大部分流动者。从1997年开始，中国的国有企业改革进入攻坚阶段，在之后的几年里，政府针对国有企业实行的"抓大放小"政策使大量国有企业要么转为股份制，要么破产、合并或者被卖给私人，这些企业的员工随之变为非国有部门的员工，大量国有企业中被下岗的冗员也被迫分流到市场部门（邢春冰，2007）。因此，从国有部门被动进入市场部门的"下岗分流"是这个时期我国职业流动现象的形象概括。"下岗分流"作为国有企业改革的一个重要部分，试行于1994年并于1997年大范围推行，造成了民营部门劳动力数量大量增加。随着企业改革深化、技术进步和经济结构调整，人员流动和职工下岗在所难免。这部分被动流动的群体不论是在前期体制内单位还是之后进入体制外市场部门，其工资水平基本都处于较低水平。此外，随着市场经济的发展，城市建设的需要，乡城流动体制性限制的松动，从农村进入城市务工的人员数量也大幅增加，这些人也主要流动到非国有部门（邢春冰，2007）。

伴随城市劳动力市场中大规模的"下海潮"和之后"下岗分流"职业流动现象的还有"孔雀东南飞"现象，① 这与我国的改革开放政策首先带动了东部沿海城市经济的快速发展，并使这些地方具有了更多的就业机会和发展空间有很大的关系。中国社会经济水平发展的地区不均衡，导致各地经济差距明显，这必然引致劳动力由西部到中部再到东部的区域流动格局。从省级流动特征来看，这一流动格局从20世纪90年代以来到目前并没有太大的改变，且主要人口流入省份主要集中在经济发达的东部省份，人口流出及净流出大省全部分布在经济发展相对落后的中、西部地区。流出地分布相对分散，流入地分布十分集中，中、西部地区的流出人口主要集中流入东部长三角、珠三角和京津（冀）三大都市圈（王桂新，2013）。

同时，随着合同制的完善与全面推行，短期合同所占比例逐步上升，这也使员工的"跳槽"和离职行为成为司空见惯的现象。根据人民网2013年10月报道，中国社会科学院发布的《人力资源蓝皮书（2013）》指出，我国劳动者就业稳定性较低，就业短期化现象突出。根据怡安翰威特调查结果，中国员工平均流动率为15.9%，在全球范围内处于高位。流动较高的行业，大多为劳动密集型企业，其基层员工流动性较大。刚毕业大学生的就业稳定性也让人担忧。根据麦克思的调查，2011届全国大学毕业生有41%毕业半年发生过离职，比2010届上升了7个百分点。其中，高职高专毕业生毕业半年内的离职率高于本科毕业生，有52%的高职高专毕业生半年内发生过离职。"211"院校学生毕业半年内离职率为19%，非"211"本科院校为31%。②

二 农民工职业流动及乡城流动关联分析

中国除了城镇户籍劳动力的职业流动外，最受关注的是农民工进入城市劳动力市场后的职业流动行为和所具有的特殊性。20世纪80年代以

---

① 不管是"下海潮"、"下岗"还是"孔雀东南飞"等流动现象，在很大程度上包含工作所在城市转换和工作转换，可以归属于广义的职业流动范围，这一点在第五章研究农民工职业流动与收入增长中有详细解释。

② 人民网，2013年10月10日。

前，农民向城市劳动力市场的转移受到政府计划的严格控制，到了20世纪80年代初，随着城市化的进展，政策逐渐倾向于促进农村人口的转移，有越来越多的农村转移人口涌入北京、上海、广州等发达的商业中心城市，导致城市基础设施建设负担超负荷，政府开始引入户籍管理制度来控制农村劳动力的转移。20世纪80年代以后，随着改革开放进程的不断加快，劳动力转移的限制开始放宽，以满足迅速的工业化发展对劳动力的需求。近年来，政府对于户籍制度的限制进一步放宽，尤其是放开中小城市户籍限制政策在2009年的中央经济工作会议后有了实质性的进展。2010年之后，农村劳动力的转移更多具有市场经济的色彩。目前，我国劳动力流动的实践表明，农民工已可以自由选择进城务工，但城市劳动力市场的分割性、制度的约束及农民工自身较低的人力资本劣势，致使农民工很难在目标城市实现稳定就业并自由选择定居。最具有迁入吸引力的城市，往往更难以实现稳定就业和定居。这就使农村转移劳动力进入城市劳动力市场后的城市就业表现出了不同于城镇居民的高就业流动性和频繁流动的特征。

研究表明，当前我国农民工就业呈现出"短工化"趋势，表现为工作持续时间短、工作流动性高。65.9%的农民工更换过工作，25%的人在近7个月内更换了工作，50%的人在近1.75年内更换了工作。农民工平均每份工作的平均持续工作时间都不长，在两年左右，而两份工作的时间间隔长达8个月（人力资源蓝皮书，2013）。农民工在城市劳动力市场中的稳定就业与适度流动问题将是我国新型城镇化建设中长期面临和必须解决的问题。据2013年中国城市发展高峰论坛暨《城市蓝皮书No.6》的数据显示，2012年，我国的名义城镇化率、人口城镇化率分别为52.6%、35.3%左右，其中高达2.6亿的进城务工农民工尚未真正融入城镇。未来20年，还将有3亿农村人口需要转化为城镇人口。"十二五"期间，农民工的就业形势依然严峻，随着产业结构的不断转型与升级，农村劳动力城市间的再流动趋势进一步加大，制约农民工流动、就业和市民化的一些深层次问题也日益显现（我国农民工工作"十二五"发展规划纲要研究课题组，2010）。

需要特别说明的是，当我们研究劳动者的职业流动行为时，不可避免地会牵涉到劳动力流动，尤其是针对我国的农民工群体而言，其"候鸟式"的乡城流动与进入城市劳动力市场后的职业流动行为和城市就业的高度不稳定特征关联紧密，在此有必要将二者的区别和联系作一简单的说明和解释。

劳动力流动（labor mobility）指劳动者根据劳动力市场条件的差异和自身禀赋及条件，在国际、地区间、产业间、部门或者行业之间、职业和岗位之间所选择的迁移或者转移行为。本书中职业流动（job mobility）是狭义的定义，特指工作转换。因此，职业流动是劳动力流动的一个子集。

在我国劳动力市场上，由于城乡差别、地区经济发展不平衡以及伴随改革开放所带来的发展机会的不均等和对劳动力需求的地区差异，劳动力流动主要体现为从中西部不发达地区和乡村流向沿海开放发达地区和大中城市。我国户籍制度的城乡分割性质及伴随不同户籍所具有的迥然不同的社会保障水平和公共服务体系，使得我国的劳动力流动，尤其是乡城流动具有区别于发达国家的劳动力迁移的特殊性而备受关注。我国农村劳动力的乡城流动分为"永久性迁移"和"暂时性迁移"两种，前一种迁移也可称为"户籍迁移"，是指农村劳动力由从事农业生产、具有农村户籍并在农村定居转变为从事非农业职业、获取城市户籍并在城市定居，享有城镇居民待遇的流动过程。在一定程度上我们可以把这一类流动称为农民工的市民化。后一种则特指暂时离开农村从事非农工作，但并没有获得城市户口，即没有改变农村户籍身份，既无法在城市永久定居，也无法平等地享有城镇居民同等待遇，最终会回到农村的流动行为。据国家统计局2008年开始建立且每年发布的农民工监测调查报告看，对农民工的定义是指户籍仍在农村，在本地从事非农产业或外出从业6个月及以上的劳动者。[①] 按照国家统计局的定义，绝大多数农民工群体可归属于"暂时性迁移"这一范畴。

"农民工"作为具有中国特色的群体，具有特殊的制度性身份和职业身份，从制度性身份看，该群体仍归属于农民，其在家乡所拥有的土地仍是其社会保障的最后防线；从职业身份看，该群体在城镇劳动力市场上从事非农工作，为我国城市经济的发展、城镇化建设和城镇化水平的提高均作出了重大贡献，应归属于产业工人的范畴。从近几年发布的数据看，我国乡城流动的农民工人数总量每年都有增加，但是绝大部分农民工始终处于"流而难迁"、"流而不迁"的状态（周蕾，2012）。从2015年发布的

---

① 国家统计局网站，http://www.stats.gov.cn，2015。

《2014年全国农民工监测调查报告》看，数据如表3-1和表3-2所示。2013年我国农民工总量为26894万人，其中外出农民工为16610万人。在外出农民工总人数中7739万人（46.6%）属于跨省流动，8871万人（53.4%）为省内流动，东部地区外出农民工以省内流动为主，中、西部地区外出农民工以跨省流动为主。2014年我国农民工总量为27395万人，其中，外出农民工为16821万人。外出农民工中，跨省流动的农民工为7867万人（46.8%），省内流动为8954万人（53.2%）。且跨省流动农民工比重与2013年相比有所提高，流入地级以上城市的农民工比重则持续上升。

表3-1　　　　　　　　　2010—2014年农民工规模　　　　　　单位：万人

	2010年	2011年	2012年	2013年	2014年
农民工总量	24223	25278	26261	26894	27395
1. 外出农民工	15335	15863	16336	16610	16821
（1）住户中外出农民工	12264	12584	12961	13085	13243
（2）举家外出农民工	3071	3279	3375	3525	3578
2. 本地农民工	8888	9415	9925	10284	10574

资料来源：国家统计局网2015年发布的《2014年全国农民工监测调查报告》。

表3-2　　　　　　　　2014年外出农民工地区分布及构成

按输出地分	外出农民工总量（万人）			构成（%）		
	外出农民工	跨省流动	省内流动	外出农民工	跨省流动	省内流动
合计	16821	7867	8954	100.0	46.8	53.2
东部地区	5001	916	4085	100.0	18.3	81.7
中部地区	6467	4064	2403	100.0	62.8	37.2
西部地区	5353	2887	2466	100.0	53.9	46.1

资料来源：国家统计局网2015年发布的《2014年全国农民工监测调查报告》。

西方国家经典的劳动力迁移模型对中国劳动力迁移具有一定的借鉴价值，但是中国目前存在的特有的农民工市民化问题在一定程度上削弱了这种解释力。李培林认为中国特有的户籍制度抵消了城乡收入差距所带来的劳动力迁移的驱动力，形成了中国农村劳动力的暂时迁移（李培林，2001）。我国流动人口中，农民工占绝大多数。从 20 世纪 80 年代末期出现第一波"民工潮"到现在，农民工一直是流动人口的主力军。随着新生代农民工的不断涌入，农民工群体表现出新的特征，比如，对城市的认同逐渐增强，甚至超过了对家乡农村的认同；农民工不再是暂时居住城市，而是倾向于长期居住，并且有举家迁移的倾向。但是体制的限制及教育、卫生、社会福利和社会保障体制的限制将农民工排斥在城镇体系之外，也是导致农民工在城市中就业流动频繁的一个原因：经济越发达的城市，对农民工的吸引越高，但是定居下来的难度越大。在这样特殊的流动背景下，农民工在城市劳动力市场中具有不稳定的就业状态和就业流动频繁的特征便是必然的结果，其区别于城镇居民的职业流动特征与其乡城流动的"暂时性迁移"特征有着密不可分的联系。因此，本书第五章在分析农民工的职业流动与收入增长时，考虑到农民工不同于城镇居民的较高的职业流动行为与农民工"暂时性迁移"行为具有高度的伴随性这一特征，将农民工进入城市劳动力市场后变换工作的同时也进行城市间（地区间）流动的行为归集到一起，并定义为"迁移型职业流动"。这样做的理论依据是 Schwartz、Bartel、Long 在分析劳动者变换工作所在城市（地区）行为时，认为城市（地区）流动应该是职业流动的子集，是劳动者在转换工作的同时也变换城市（地区）的一种行为，且劳动者进行城市（地区）流动的原因多种多样，但一个共识是城市（地区）流动的决定往往和职业流动相伴而生（Schwartz，1976；Bartel，1979；Long，1988）。同时，这一定义也比较吻合我国农民工在城市劳动力市场上"候鸟式"的空间职业流动特征，这使本书的"迁移型职业流动"概念的界定同时也具备现实依据。为了便于比较，将农民工进入城市劳动力市场后只在一个地方（城市）变换工作的行为定义为"当地型职业流动"。

第二节　职业流动及其收入效应理论分析

一　职业流动类型的划分

根据对国内外相关理论研究的归纳整理，我们知道不同类型的职业流动对劳动者收入水平的影响作用差异显著，在实证分析我国主要劳动力市场和次要劳动力市场上劳动者发生相应职业流动的收入效应时,有必要结合我国具体国情对职业流动的类型进行科学、正确分类,并对劳动者进行职业流动的背后原因给予充分的考虑。

首先,依据劳动者进入劳动力市场后是否更换过工作,将劳动者区分为停留者和流动者。如果劳动者从进入劳动力市场以来到接受问卷调查时都没有更换过工作或者雇主,便归属于停留者;如果劳动者在接受问卷调查时所从事工作与之前工作或者与首份工作不同,则认为该劳动者更换了工作,属于流动者。其次,在此基础上,可对流动类型进行更具体的划分,根据劳动者结束上一份工作或者初职的原因是主动辞职、主动离开,还是被迫离开、被辞退、被解聘等情况,将流动者区分为主动形式的职业流动和被动形式的职业流动;由于不同形式的主被动流动对劳动者后续收入水平的影响可能迥异,需要进一步划分具体类别。根据劳动者离开之前工作的不同动机和具体原因,可将主动流动进一步区分为工作原因的主动流动和家庭原因的主动流动两类;被动流动进一步区分为工作原因的被动流动和个人原因的被动流动两类。其中,将因为所在单位收入太低、工作不稳定、条件差、劳动强度大、工作时间长、社会福利差等原因选择主动离开的归为工作原因的主动流动;因为要照顾家人、结婚生孩子、家中有事等原因主动离开的归为家庭原因的主动流动;因单位停产、半停产、企业破产、单位被兼并、项目结束、合同到期,单位没有续签等客观原因引发的被迫离开归为单位客观原因的被动流动;因为个人道德品质、发生工作失误、无法胜任工作等因素被单位开除、裁员等的被动流动归为个人原因的被动流动。

在具体分析主要劳动力市场中的职业流动行为时,由于城镇收入差距的很大一部分来自行业收入的不平等,而行业收入差距背后的垄断因素和所有制等体制性原因备受关注,因此,对劳动者的职业流动行为除按照以上原则进行划分外,依据国内通用的标准将劳动者所在的行业与所在单位所有制属性划分为垄断行业和竞争行业、国有单位和非国有单位,按照流动者前一份工作和受访时从事的工作是否属于同一行业和同一所有制属性,划分为行业间职业流动和行业内职业流动、所有制间职业流动和所有制内职业流动,并进行交叉项分析行业间流动障碍特征及具体的职业流动对相应行业收入决定的影响作用。当我们分析次要劳动力市场上农民工的职业流动及其收入效应时,考虑到我国农民工城乡流动所具有的特殊性及由此特殊性所带来的该群体在城市劳动力市场上职业流动的独特性，我们进一步区分了当地型职业流动和迁移型职业流动，以分析其对农民工收入增长路径的不同影响。

二 职业流动收入效应的理论分析

一般来讲，劳动者个体的职业流动行为是基于不同的动机或原因的，因此，不同类型的职业流动便会带来不同的经济后果。根据效用最大化理论，对于自愿主动的职业流动者来说，变换工作是因为改变工作的预期收益大于预期成本。换句话说，主动的职业流动将有助于后续收入的提高，而这在很大程度上可能是因为流动者成功地进行了在职搜寻工作（on-the-job search）的结果（Bartel & Borjas, 1981），因为在职搜寻工作有助于劳动者了解自身的比较优势（Johnson, 1978），发现更好的匹配质量（Jovanovic, 1979a, 1979b），从而提高找到更好工作的概率；但基于不同动机或原因的主动职业流动可能具有不同的在职搜寻行为，在实证研究中如果将收入与笼统的主动流动进行回归得到的结果其实很难反映二者的真实关系。解决这一问题比较有效的办法是将主动流动区分为工作原因流动和家庭原因（非工作原因）流动两种类型。这也是本章将主动流动区分为这两种类型的原因所在：工作原因的主动流动更可能会伴随着较充分的在职搜寻工作或者提前搜寻工作行为，因此具有更高的收入效应。理由是如果劳动者对目前的工作不满意，考虑改变工作，并改善目前的状况，那变换工作前他很有可能主动进行在职工作搜寻并与当前工作进行客观比较。这意味着在职搜寻工作的效应将会大于特定人力资本丢失的效应，即工作原因的辞职和后续的收入之间应该存在较强的正相关关系。而家庭原因的主动流动可能不会像前者那样带来同样高的收入效应。原因是家庭因素导致的主动流动更可能是突然发生的情形，比如家人生病、家中有事等。因此这类流动更有可能伴随较少的在职搜寻工作行为，同时也会引起较高概率的工作间断情形。结果可能是特定人力资本丢失带来的效应大于后来工作搜寻的效应，从而导致较少的收入增加。更重要的是，家庭因素对于男性和女性的不同影响可能导致该类职业流动的收入回报具有较大的性别差异。因此将主动流动区分为工作原因和家庭原因两种类型将为我们分析男性和女性农民工的差异带来额外的有用信息。

被动流动是由雇主发起的，因而独立于劳动者的意志，与主动的职业流动行为相比，可能具有更少的机会进行在职搜寻而增加失业概率，因此，这类流动往往不利于劳动者后续收入的提高。将被动流动区分为单位原因的被动流动和个人因素的被动流动的依据是：前者是由于外在的客观原因或者个体不可控制的因素导致，而后者则是因为个人可控的主观原因导致。因为单位原因的被动流动在流动前劳动者会得到较多的关于单位将破产等相关消息，会逼迫劳动者进行相应的在职搜寻行为（Mincer，1986），因此会比个人原因的被动流动具有较多的在职搜寻工作行为；另外，如果因为个人原因被辞退，在劳动力市场上给下一个用人单位传递的信号是该员工没有能力或者行为不端，那么被辞退所具有的声誉效应也会使其与单位原因引发的被动流动之间的收入效应存在差别（Parsons，1989）。从理论层面讲，个人原因的被动流动将会遭受更大的收入损失。

从收入增长的角度分析，劳动者收入增长途径大致可以区分为两类：第一，长期就职于某一个工作单位所带来的职业内收入增长；第二，由于转换工作单位而可能导致的职业间收入增长。职业内收入增长主要来源于工作经验和特定人力资本的积累；导致职业间收入增长的原因与前者相比较为复杂，因为转换工作通常会导致特定人力资本的丢失，如果职业流动后仍然经历了收入增长，可能源于在职搜寻工作使得劳动者找到了更具有生产效率的雇佣关系（Jeffrey J. Yankow，2003），从而实现了劳动者的比较优势（Johnson，1978）、更高的工作匹配质量（Javanovic，1979a），抑或是因为不断的在职搜寻发现了那些会支付更高报酬的工作单位（Burdett，1978）。有关职业流动可能带来收入增长的相关理论，对分析城市流动的收入增长效应具有很强的借鉴意义。按照标准的人力资本理论来讲，理性的经济个体在变换工作地区的时候会进行相应的成本—收益分析。当变换到目的地可能获得的潜在收益的现值高于变换原来工作地所带来的各种成本时，地区（城市）流动的行为就会发生（Sjaastad，1962）。Schwartz（1976）认为城市（地区）流动是劳动者在转换工作的同时也变换城市（地区）的一种行为，因此，城市（地区）流动应该是职业流动的子集。劳动者进行城市（地区）流动的原因多种多样，但是一个共识是城市（地区）流动的决定往往和职业流动相伴而生（Bartel，1979；Long，1988）。换句话说，城市（地区）流动是工作搜寻过程中常常会发生的一个结果，职业流动带来的收入增长效应中有很大比例可能来自城市（地区）流动的贡献。

国内很多学者关注职业流动对于农民工收入水平的决定作用，从理论层面看，农民工进入城市劳动力市场从事非农工作将会面临以下问题：首先，由于户籍制度的人为限制与农民工自身较低的人力资本积累等因素，使得该群体只能在城市的次要劳动力市场就业，从事城镇户籍居民所不愿意从事的收入低、地位低且保障缺失的职业，而无法取得平等的同城待遇；其次，农民工对城市劳动力市场和工作相关信息掌握的不对称性，以及城市雇主对于农民工技能的缺乏了解与城市雇主对于农民工的认同感弱于城市当地居民，使农民工如果和当地居民具有同等技能时，雇主很可能倾向于雇用当地居民。这同样会造成农民工遭遇次要劳动力市场和受到歧视，从而导致低收入。

由此我们初步预测农民工整体进入城市劳动力市场的初职匹配可能是低质量的，而随着对城市劳动力市场逐步加深了解和获得更多的相关信息，农民工将会通过职业流动来提高其与工作的匹配质量、获得收入增长。换句话说，农民工的收入增长可能主要来自职业流动的贡献，尤其是当农民工已有的人力资本回报无法得到有效的可持续提升，且缺乏畅通的人力资本积累渠道的情况下，农民工会更倚重于职业流动这种方式来提高其收入水平。这可能是农民工频繁职业流动的关键原因之一。

第 三 篇

主要劳动力市场中的职业
流动与收入决定分析

第四章 职业流动与行业收入决定[①]

在我国城市劳动力市场上，不同子市场的收入决定机制并不相同，尤其是不同行业所表现出的收入决定机制的显著差异长期以来备受关注，那么职业流动对处于不同行业及行业内各子市场劳动者的收入决定发挥了怎样的作用？本章从职业流动视角出发，在对行业的体制性分割进行重新判定的基础上，将深入探讨职业流动对不同行业及其子市场收入决定的影响作用。

本章在运用劳动力市场分割理论的分析范式研究行业间的分割特征时，通过获取行业之间职业流动的外在表现、行业之间的收入差距、影响劳动者职业流动的体制性和经济性因素以及伴随职业流动的收入水平变化的行业差异四个层次的信息，并考虑行业内所有制异质性特征，发现垄断行业和竞争行业、国有部门和非国有部门间并不存在自由、对称的流动，影响国有垄断行业职业流动的因素主要体现为体制性特征，且其与其他行业间的收入差距明显，表明该行业与其他部门存在明显的市场分割特征；但对于非国有垄断行业来说，影响该行业职业流动的非经济性因素非常有限，虽然该行业和竞争行业间仍存在工资差距，但并不足以证明其与竞争行业存在体制性分割。竞争行业内部同样存在收入差距，影响该行业内国有部门和非国有部门间流动的因素体现出更偏向市场竞争性因素的特征，表明市场化的改革推动了市场机制在竞争行业的资源配置作用。但是国有部门和非国有部门间的福利待遇等非工资性收入差距仍是阻碍劳动者进行自由流动的改革难点。

在以上分析结论的基础上，我们通过多层模型回归方法，重点分析职业流动与不同行业及其子市场收入决定的差异问题。研究发现，职业流动对不同行业收入决定的影响作用具有差异性。在工资方程中加入不区分流

[①] 本章的核心内容发表在《经济学动态》2012年第6期，并被人大复印资料《劳动经济与劳动关系》2012年第8期全文转载。文章标题为"职业流动与行业收入决定分析"。

动类型的单纯职业流动变量，无法甄别其对两个行业不同的收入影响效应；当区分同行业和跨行业职业流动类型后，发现职业流动的收入决定作用具有显著的行业异质性和所有制性质异质性，且在国有垄断行业表现最为显著；区分自愿流动和被动流动的实证分析进一步验证了这一结论：一直留在国有垄断行业的劳动者获得了较高的收入溢价；而对于流出该行业的劳动者，不论以何种形式流出，收入都受到了显著的损失；但行业属性对非国有垄断行业影响非常有限。竞争行业中则只有被动流动的劳动者受到了显著的收入损失。结果表明，垄断因素本身对行业收入决定的关键性作用需要借助所有制因素及其与经济政策相互渗透而产生的体制性流动障碍才得以发挥。

本章具体的结构安排如下：第一节为本章所使用数据的详细说明与行业间职业流动特征的统计分析；第二节依据"职业流动分割"并结合以往研究的"收入分割"方法对行业体制性分割进行重新判定；第三节在第二节所进行的行业分割判定的基础上，考察职业流动对各行业及各子市场所具有的不同的收入决定作用；第四节为本章结论与启示。

第一节 数据说明与行业间职业流动统计分析

一 数据说明

本章所使用的数据来自中国社会科学院 2002 年实施的中国城镇劳动力市场调查专项数据。该调查抽取了上海、沈阳、武汉、西安和福州五大城市的 3500 个家庭户及家庭中 16 岁以上且不在学的人口共计 8109 个样本，数据收集了受访者从 1996 年 1 月至 2001 年 12 月的工作经历、个体特征、工作特征等方面的丰富信息，数据属于回溯性质，根据受访者回忆，对是否变换过工作，如果变换过则对每一次职业流动的原因、形式及相应的收入情况均进行了详细的记录，因此非常适合研究中国经济转型背景下不同类型的职业流动及相应的行业收入决定问题。由于数据对于每一次职业流动过程中发生的行业属性改变、单位所有制变换、收入变动都有详尽的记载，该数据也适合分析职业流动与劳动力市场分割问题。根据需要，本章提取了 16—60 岁处于在业状态并具有城市户口的样本，依次删除教育水平、收入、所在行业、单位所有制性质等信息缺失的样本以及自我雇佣和不属于垄断行业及竞争行业的样本，并对收入极端值进行删除后，最后可用样本总体为1969个。

在进行行业属性归类时，为了避免依据收入高低为判断标准来划分劳动力子市场而落入循环论证的怪圈，我们参照了岳希明、李实等（2010）的做法，按照产品市场的特征来划分垄断行业和竞争行业。将电力煤气及水的生产和供应、交通运输和仓储业、邮电通信业、金融和保险业归为垄断行业；将农林牧渔水利业、制造业、建筑业、批发和零售贸易、餐饮业、社会服务业和其他服务业归为竞争行业，最后得到垄断行业样本490个，竞争行业1479个。在对所有制性质进行划分时，根据数据提供的关于单位所有制信息的描述，结合我国对所有制性质的常规界定方法，并借鉴张车伟、薛欣欣（2008）的做法划分国有部门和非国有部门。国有部门包括国家机关、事业单位、国有企业；非国有部门包括集体企业、私营和个体企业以及外资企业。最后得到国有部门样本量为1535个，非国有部门样本量为434个。

二　样本描述与行业间职业流动特征统计分析

从表4-1的统计描述结果可知，在工资性收入方面，垄断行业明显高于竞争行业，国有部门又优于非国有部门。但国有垄断行业和非国有竞争行业间的小时平均工资差距最为突出，前者是后者的1.46倍。如果考虑社会保障和住房福利等非货币性的福利待遇，二者之间的实际收入差距则远远大于这个数字。

表4-1　　　　不同行业劳动力及工作特征统计描述（均值）

变量	垄断行业				竞争行业			
	国有部门		非国有部门		国有部门		非国有部门	
2001年小时工资	7.249	7.274	6.068	4.968	5.494	3.854	4.979	4.368
女性	0.365	0.482	0.291	0.457	0.380	0.486	0.468	0.500
年龄	37.046	8.696	34.380	8.161	39.277	8.382	35.896	9.829
教育年限	13.092	3.843	12.241	3.837	12.404	3.727	11.701	3.885
在职培训学习	0.190	0.393	0.076	0.267	0.097	0.296	0.085	0.276
签订合同	0.715	0.452	0.595	0.494	0.660	0.474	0.451	0.498
医疗福利	0.883	0.322	0.468	0.502	0.836	0.370	0.468	0.500
养老保障	0.888	0.316	0.532	0.502	0.872	0.334	0.527	0.500

续表

变量	垄断行业				竞争行业			
	国有部门		非国有部门		国有部门		非国有部门	
住房福利	0.509	0.501	0.165	0.373	0.467	0.499	0.155	0.362
周工作天数	5.111	0.608	5.614	1.059	5.139	0.586	5.473	0.801
在职搜寻工作	0.148	0.356	0.291	0.457	0.147	0.354	0.285	0.452
工作满意度	2.372	0.605	2.354	0.661	2.455	0.596	2.538	0.620
失业经历	0.078	0.286	0.203	0.464	0.128	0.389	0.299	0.553
样本量	411		79		1124		355	

注：每一个部门的分析中第一列为变量均值，第二列为标准差（误）。

在非工资性收入方面，不同行业的国有部门间水平相当，并均显著好于非国有部门，体现出明显的所有制差异特征。值得注意的是，非国有垄断行业的平均小时工资水平虽然高于竞争行业水平，但非工资性待遇只相当于非国有竞争行业水平，在职培训学习的机会甚至低于非国有竞争行业的这一水平，一周工作天数在所有部门中是最长的，并具有和非国有竞争行业几乎相同的在职搜寻工作意愿。表明国有垄断行业和非国有垄断行业的工资决定机制存在差异，行业垄断对非国有垄断部门的影响非常有限。这在一定程度上说明，垄断行业内部并非同质，而是存在明显的异质性特征，笼统地比较垄断行业和竞争行业之间的差距，所得的结果可能存在偏误。从签订合同、无工作经历两个变量看，国有垄断行业的合同签订率为71.5%，无工作经历为7.8%；非国有垄断行业分别为59.5%、20.3%；国有竞争行业分别为66%、12.8%；非国有竞争行业分别为45.1%、29.9%。表明国有垄断行业的劳动者工作稳定性强于其他部门，同时所有制性质也体现出了一定的制度优越性。

表4-2、表4-3分别展示了不区分所有制性质和区分所有制性质时两个行业不同类型的职业流动情况。

从表4-2和表4-3的统计描述中我们可以得到以下结论：第一，两个行业间并不完全分割，而是存在受抑制的职业流动。第二，职业流动体现出明显的行业流动障碍和所有制流动障碍的特征。在调查期间的初次职业流动中，竞争行业流动者中只有8.39%进入垄断行业，91.61%在竞争行业内部流动；非国有竞争行业的流动者中74.70%在非国有部门内部流动，只有4.82%和7.23%分别进入国有垄断行业和非国有垄断行业。但垄断行业和国有部门向竞争行业,尤其是向非国有竞争行业释放了相当比例的劳动力,垄断行业的流动者中有45.65%进入了竞争行业;具体看,国有垄断行业的流动者有32.35%进入非国有竞争行业;国有竞争行业的流动者有45.55%进入到非国有部门。非国有垄断行业的流动者中也有33.33%的劳动力流向了非国有竞争行业,职业流动表现出从垄断行业到竞争行业、国有部门到非国有部门几乎单向的流动特征。这也验证了我国劳动力市场的确具有结构性特征:处于同一阶层的单位之间,人员流动的可能性较大;不同阶层之间,流动则少得多,尤其是从竞争行业到垄断行业、从非国有部门向国有部门的流动更为困难。第三,总体上说垄断行业的劳动者比竞争行业的劳动者更倾向于留在原单位,在流动者中,垄断行业中自愿流动和被动流动的情形相差不多,而竞争行业中被动流动情形显著多于自愿流动情形,结合改革背景,说明经济体制改革对竞争行业的影响更大。

表4-2　　　　　各行业不同类型的职业流动特征描述　　　　　单位:%

变量	垄断行业	竞争行业
停留者	90.61	81.47
流动者	9.39	18.53
合计	100	100
同行业流动	54.35	91.61
跨行业流动	45.65	8.39
合计	100	100
自愿流动	51.79	45.09
被动流动	48.21	54.91
合计	100	100

表4-3　　　　　区分所有制性质的行业间职业流动:流动者　　　　　单位:%

流动后所在单位	垄断行业		竞争行业	
	国有部门	非国有部门	国有部门	非国有部门
流动前所在单位				
垄断行业:国有部门	35.29	17.65	14.71	32.35
非国有部门	16.67	41.67	8.33	33.33
竞争行业:国有部门	4.71	2.09	47.64	45.55
非国有部门	4.82	7.23	13.25	74.70

综上所得的关于行业间收入差距、职业流动特征等统计分析信息，初步判断国有垄断部门与其他部门间可能存在一定程度的体制性分割。另外，国有垄断部门能获得较大的收入溢价可能和以上描述的职业流动模式有一定关系。也就是说，职业流动也是造成行业间收入决定存在差异的重要原因，下面本书将构建合适的计量模型对行业间的分割特征进行严格的实证分析，在此基础上，深入分析职业流动对各子市场收入决定的具体影响作用。

第二节 职业流动与行业分割判定

伴随着经济的高速增长，我国城镇收入差距没有缩小，反而具有扩大趋势，而行业间收入差距作为影响居民收入不平等的重要因素，被民众所普遍感知，也备受学者和政府部门的关注。本书不同于以往劳动力市场分割文献之处在于，对垄断行业与竞争行业间是否存在体制性分割的判定将严格运用劳动力市场分割理论的分析范式，从行业之间表现出的职业流动外在特征、行业之间的收入差距、影响不同行业劳动者职业流动的体制性和经济性因素及伴随职业流动的收入水平变化的行业异质性四个层次的详细分析，并考虑由于所有制性质不同所表现出的行业内异质性特征展开。研究结果发现，国有垄断行业与竞争行业间存在体制性分割；虽然非国有垄断行业与竞争行业间存在收入差距，但由于不满足其他三个层次对于劳动力市场分割判定的标准，还不足以说明其与竞争行业间存在体制性的分割。

一 模型设定与变量说明

（一）模型设定

本节严格按照劳动力市场分割理论的分析范式，通过获得"职业流动障碍"信息并结合"收入分割"信息重新考察我国行业的分割特征。因此，我们需要行业之间职业流动特征、伴随职业流动的收入水平变化、影响各行业职业流动的各种因素特征、行业间收入差距四个层面信息。首先，我们需要了解行业之间职业流动特征，是否符合"在一个竞争较充分的劳动力市场条件下，子市场间会存在大量的、自由的、对称的职业流动"这一标准。由于这一标准容易受主观判断的影响，我们还需要另外两个信息：第一，掌握伴随职业流动行为的收入水平变化所体现出的行业差异性特征；第二，影响职业流动诸因素的特性，并对其市场性特征或者体制性特征加以区分。

据此，分析行业分割的整体模型如下：

$$\ln w_i = \alpha X_i + \varepsilon_i \tag{4-1}$$

$$\ln w_{ij} = \alpha X_i + \theta jobm_{ij} + \xi_i \qquad j = m, c \tag{4-2}$$

$$Y_{ij} = a_j Z_{ij} + \mu_{ij} \qquad j = m, c \tag{4-3}$$

$$P_{ij} = P(Y = 1/Z) = P(Y^* > 0/Z) = F(a_j Z_{ij}) \tag{4-4}$$

我们先使用传统的工资方程（4-1）式考察行业间的收入差距；其次使用（4-2）式考察伴随职业流动的收入水平变化的行业差异和部门间差异；最后使用（4-3）式和（4-4）式，采用 Probit 模型进一步分析影响各行业、各部门劳动者职业流动的诸因素，考察市场性流动因素和非市场性流动因素在各行业的存在情况。当以上四个维度的判断都符合分割的特征时，才能证明子市场间存在体制性的分割事实。由于我国的经济体制改革始终与所有制改革有着千丝万缕的关系，本节对于行业之间体制性分割的分析特别关注所有制因素在其中所起的作用。

（二）变量说明

在（4-1）式中，$\ln w_i$ 代表劳动者 i 的小时工资收入对数值。X 为影响劳动者收入水平的一系列解释变量，包括劳动者个体禀赋特征、工作特征变量与城市变量，并以样本总体为分析对象，特别控制行业变量和所有制性质变量，以考察行业收入差距和所有制差异。ε_i 为随机扰动项。在（4-2）式中，$\ln w_{ij}$ 代表劳动者个体 i 在行业 j 的小时工资收入对数值，$j = m, c$，分别代表垄断行业、竞争行业。X 是决定劳动者工资收入的一系列解释变量，包括劳动者个体禀赋特征，如性别、年龄、受教育年限、在职培训、疾病等；$jobm_{ij}$ 为职业流动变量，在这里考虑两个层级之间的职业流动，即行业内和行业之间、部门内和部门之间的职业流动，以考察伴随劳动者职业流动的收入水平变化的行业差异和部门差异，部门差异主要指行业内由于所有制性质不同造成的差异。ξ_i 为随机扰动项。（4-4）式中，Y^* 是不可观测的潜在变量，Y 是实际观测到的因变量，表示劳动者是否进行了就业流动（是为1，否为0），即：$Y = 1$，当 $Y^* > 0$，劳动者进行了职业流动；$Y = 0$，当 $Y^* \leq 0$，劳动者没有进行过职业流动。Z_{ij} 为一系列影响劳动者个体职业流动的自变量，这部分自变量将在下一部分职业流动影响因素分析中单独做详细的介绍。μ_{ij}为随机扰动项。为了考察所有制因素对不同行业的影响作用，我们区分国有部门和非国有部门进行相应的估计。并针对以往研究的关注点基本是垄断问题，而对垄断行业内部和竞争行业内部做同质化处理的问题，进行相应的修正和详细的分析。

二 职业流动影响因素分析

对于职业流动定义的界定，学者们通常依据自己研究视角和研究目的不同给予不同的界定。本书所界定的职业流动概念在第一章导论中已有详细说明，为了前后一致，并根据本调查数据提供的信息和研究的目的，本章的职业流动指处于不同行业的劳动者在行业间、行业内变换工作的行为，即狭义的转换工作的情形。因进行第二次及以上职业流动的样本数量非常少，同时也为了减少内生性问题，本书主要考察调查期间观察到的第一次职业流动的相关情况。

影响职业流动的因素很复杂，通常依赖于以下三类因素的综合作用：劳动者的个性特征、职业或者工作的特征及劳动者与工作的匹配情况（Osberg，1986）。当我们分析职业流动时，需要囊括以上所有因素，否则解释力度会下降，也容易出现遗漏变量问题。本书的解释变量包括以下三类：第一类个体特征变量中包括性别、年龄、受教育年限、在职培训学习等；第二类变量为职业或者工作特征变量，包括工作性质、工作单位所属行业、所有制性质、社会保障及福利待遇（养老、住房等福利）、是否签订合同、工作单位效益等；第三类变量为劳动力与职业或工作的匹配情况，包括工作满意度、无工作经历、在职搜寻工作意愿、所在城市等变量。

以上自变量中除了年龄与教育年限为连续变量外，其他均为虚拟变量。第一类变量中，年龄与职业流动的关系，一般意义上讲，年轻人具有更强的流动倾向（Bartel，1982；Miller，1984；Topel & Ward，1992）。但在我国劳动力市场上，并不必然表现出该特征。结合我国当时国有企业"抓大放小"的改革背景，处于竞争行业的国有企业受到了较大的冲击，导致该部门大量的劳动者被迫下岗。因此，我们倾向于认为，在国有竞争行业中，年龄越大可能下岗的概率越高。在垄断行业中由于受改革的影响较小，且垄断行业具有特殊性，我们很难预测二者之间的关联度；而在非国有竞争行业中，劳动者的行为更容易用市场理论去解释，我们预测应该体现出年轻人具有更高流动倾向的常规特征，年龄越大则会显著阻碍劳动者流动；性别虚拟变量以男性作为参照组，常规来讲，男性具有更高的流动倾向，但由于上述相同的原因，我们倾向于认为，处于国有竞争行业中的女性更容易被动流动。在职培训学习虚拟变量，以没有参加过在职培训为参照组，一般来讲，在职培训学习可以提高个人的技能，有利于其职业内的收入增长，有利于员工保留该份工作，因此该变量与职业流动之间应该是反向关系。

第二类变量中，根据调查数据提供的信息，我们将工作性质变量区分为技术人员、工人和行政管理人员三种类型，并以技术人员为参照。养老保障、住房福利虚拟变量中以单位没有养老保障、不提供任何住房福利为参照组。在一个各项福利待遇都比较健全的单位，劳动者是没有积极性变换工作的，因此我们认为这两个变量与职业流动为反向关系。从上文的统计描述特征来看，养老保障、住房福利在垄断行业和竞争行业之间、国有部门和非国有部门间存在较大的差距，这可能是不同层间的劳动力市场之间职业流动不足的重要影响因素所在。劳动合同虚拟变量中以没有签订合同为参照组，我们认为劳动者与单位签订了合同，在客观上会阻碍单位随意解雇员工，同时合同也会约束劳动者的流动倾向和频率。

第三类变量中，在职搜寻工作意愿虚拟变量以从事该工作时没有积极找寻其他工作为参照组，在职搜寻工作意愿会显著提高劳动者流动的概率；单位经营状况虚拟变量以单位亏损为参照组，单位经营状况越好，则劳动者越倾向于留在该单位；无工作经历虚拟变量以没有无工作经历为参照组，我们倾向于认为先前具有无工作经历将会显著提高其后续流动的概率；城市变量以沈阳为参照组，我们认为经济越发达的城市，劳动者通过职业流动来提升收入水平及工作匹配质量的机会也会越高。因此经济越发达、开放度越高的城市将会显著提高劳动者职业流动的概率。

从上文统计分析的结果来看，职业流动表现出行业和所有制差异，且不同行业以及不同所有制性质的部门存在收入差异，因此我们初步预测处于不同行业和不同所有制性质的劳动者职业流动的影响因素可能并不相同。在这里我们将分别估计各行业内不同所有制部门劳动者的职业流动的诸影响因素，从中发现市场性因素与垄断、所有制属性等体制性因素在不同行业、不同部门是否存在显著差异。

三 职业流动与行业分割判定实证分析

从表4-2、表4-3的统计描述可以看出，两个行业间存在职业流动,并不是完全封闭的,但表现出的特征并不符合"自由的、大量的、对称的"特征。在所观测的首次职业流动中,竞争行业流动者中只有8.39%进入垄断行业,91.61%在竞争行业内部流动;竞争行业中非国有部门的流动者中74.70%在非国有部门内部流动,只有4.82%和7.23%进入垄断行业的国有部门和非国有部门;垄断行业和国有部门向竞争行业尤其是向非国有竞争行业释放了一定比例的劳动力,但是反向的流动则很少。表明行业间的职业流动以及具有不同所有制性质的部门间的职业流动存在明显的流动障碍特征。而从不同行业劳动力及工作特征的统计描述中我们发现垄断行业和竞争行业之间、国有部门和非国有部门之间均存在明显的工资差距。也就是说,除了行业间存在显著的收入差距外,行业内部因为所有制性质的不同也存在明显的收入差距。但国有垄断行业和非国有竞争行业间的工资差距表现得最为突出。在福利待遇方面,国有竞争行业和国有垄断行业水平相当,均明显优于非国有部门。值得关注的是,非国有垄断行业2001年平均小时工资水平虽然高于竞争行业,但福利待遇水平却只和非国有竞争行业持平,且工作时间是所有部门中最长的。说明垄断行业中非国有部门与国有部门间差异显著,行业垄断对非国有部门的作用远小于国有部门。

综上分析可知,从收入角度看,行业间存在明显的收入差距,尤其是国有垄断行业和非国有竞争行业间差距最显著;行业内部同样存在收入差距,体现出非同质性的特征。从职业流动角度看,垄断行业和竞争行业间的流动具有非对称的特征,具有不同所有制性质的部门间也存在流动障碍,但是否都是体制性分割原因所致呢? 下面根据上文的计量模型进行较严格的实证分析。

(一) 行业收入差距与伴随职业流动的收入水平变化分析

对不同行业的工资方程回归结果如表4-4、表4-5所示。从总体的回归结果可知,垄断行业的收入水平明显高于竞争行业,并在1%水平上显著。而国有部门的收入水平又均显著高于非国有部门,但在垄断行业中表现更突出,垄断行业中国有部门的2001年小时平均工资水平比非国有部门高15.84%,竞争行业是8.44%。说明在竞争行业中因所有制因素造成的收入差距在缩小。

从表4-4第三列结果可知,在控制了劳动者的个体禀赋特征变量后,起初在垄断行业、后来进行行业间流动会显著降低劳动者工资水平,并在

1%水平上显著，说明流动到竞争行业使劳动力处于非常不利的地位，而一直留在垄断行业则使劳动力获得了更高的工资收入溢价。由第五列的结果可知，起初在竞争行业、后来进行行业间流动则会显著提高其收入水平，并在10%水平上显著。以上结果说明伴随职业流动所发生的收入水平的变化因劳动者所处的行业不同而存在显著的差异。

表4-4　行业收入差距及伴随职业流动的收入水平变化估计结果

变量	样本总体		垄断行业		竞争行业	
女性	-0.207	0.024***	-0.139	0.054**	-0.216	0.027***
年龄	-0.020	0.010**	-0.040	0.023*	-0.018	0.011
年龄的平方	0.000	0.000**	0.001	0.000*	0.000	0.000
教育年限	0.049	0.003***	0.044	0.007***	0.051	0.004***
在职培训学习	0.118	0.038***	0.113	0.073	0.111	0.046**
无工作经历	-0.251	0.029***	-0.252	0.087***	-0.203	0.033***
国有部门	0.101	0.029***	0.147	0.072**	0.081	0.032***
垄断行业	0.196	0.027***	—		—	
职业流动（以停留者为参照组）						
行业内流动	—		0.026	0.122	-0.116	0.039***
行业间流动	—		-0.457	0.131***	0.203	0.105*
城市变量	控制		控制		控制	
常数项	1.299	0.200***	1.726	0.443***	1.295	0.226
R-squared	0.3397		0.3222		0.3368	
N	1969		490		1479	

注：(1) 因变量为小时工资的对数。***、**、*分别表示回归系数在1%、5%和10%的水平上显著。

(2) 第一、三、五列为回归系数，二、四、六列为标准误。

表4-5是为了考察行业内部的差异，将垄断行业和竞争行业区分国有部门和非国有部门进行更细致的分析所得的结果。教育回报率表现出国有部门低于非国有部门的特征，且在国有垄断部门最低，结合前文的分析结果，从一个侧面说明教育水平在某种程度上可能作为是否可以进入垄断行业的"筛选器"，体制性因素还是决定国有垄断部门高收入水平的重要原因。由回归结果可知，处于国有垄断部门的劳动者如果进行部门间流动，则其收入水平会遭受显著的损失，但在非国有垄断部门，这种影响并不显

著。这印证了从垄断行业流动到竞争行业引起劳动力平均工资水平的下降，主要是由国有垄断部门的部门间流动所导致，垄断行业的高工资水平则主要由留在国有垄断部门的劳动力所获取。在垄断行业内部，部门内流动并不影响劳动者的收入水平，可能与处于同一个劳动力子市场有很大关系。在竞争行业，进行部门内流动会降低劳动者的后续收入水平，这一结果在某种程度上与人力资本模型的观点相吻合：流动导致劳动者拥有的专有人力资本中断、丢失，因此其收入更可能受损。当然这也与20世纪90年代中后期的所有制改革造成竞争行业的劳动力市场受到更大的震动不无关系。

表4-5　行业内各部门劳动者职业流动的收入水平变化估计

变量	垄断行业 国有部门		垄断行业 非国有部门		竞争行业 国有部门		竞争行业 非国有部门	
女性	-0.098	0.058*	-0.248	0.170	-0.173	0.032***	-0.334	0.054***
教育年限	0.043	0.007***	0.054	0.021**	0.048	0.004***	0.059	0.007***
无工作经历	-0.458	0.104***	0.042	0.188	-0.248	0.043***	-0.133	0.053**
职业流动（以停留者为参照组）								
部门内流动	0.013	0.139	0.166	0.270	-0.104	0.046**	-0.146	0.072**
部门间流动	-0.414	0.147***	-0.394	0.311	0.235	0.139*	0.110	0.162
常数项	1.506	0.477***	2.908	1.373**	1.090	0.287***	1.720	0.395***
R-squared	0.3269		0.4205		0.3069		0.4359	
N	411		79		1124		355	

注：（1）因变量为小时工资的对数，***、**、*分别表示回归系数在1%、5%和10%的水平上显著。

（2）回归还控制了年龄和年龄的平方、在职培训学习和城市变量，结果没有列出。

值得注意的是，在竞争行业非国有部门中，部门间流动并不能给劳动者带来显著的收入好处，可能的原因是能进行这样流动的劳动力数量很少，不具有统计显著性。另外，即便能进入垄断行业，可能也无法进入其内部劳动力市场，[①]因此很难享受到同等待遇，收入无法得到实质性的提

---

① 因数据只提供了是否签订合同的信息，而没有具体的合同类型，因此我们无法直接证明从竞争行业进入垄断行业的劳动者是否进入了其内部劳动力市场，从而只能依据经验法预测可能的结果。这需要有合适的数据进行更为严谨的论证才能得到确切的证明。

升;以上结果表明,伴随职业流动所引起的收入变化不仅表现出较大的行业间异质性,在行业内部因为所有制性质的不同也具有一定的差异。

(二)影响不同行业劳动者职业流动的因素分析

接下来使用(4-3)式、(4-4)式对影响各行业职业流动的诸因素做进一步的分析,结果如表4-6所示。从回归的结果可知,除在职搜寻工作意愿和无工作经历两个变量对每个群体职业流动的影响相同外,其他变量则因行业和行业内所有制性质的不同存在较大差异。

表4-6 垄断行业、竞争行业各部门职业流动影响因素的Probit分析

变量	垄断行业				竞争行业			
	国有部门		非国有部门		国有部门		非国有部门	
女性	-0.034	0.257	0.872	0.645	0.302	0.109***	-0.049	0.173
年龄	0.004	0.015	0.043	0.039	0.022	0.007***	-0.012	0.010
教育年限	-0.005	0.036	-0.085	0.109	0.016	0.017	0.010	0.030
在职培训学习	-0.624	0.455	0.080	1.043	0.018	0.185	-0.036	0.314
工作性质(以技术人员为参照组)								
工人	-0.456	0.320	-1.064	0.785	-0.152	0.170	0.322	0.292
行政及管理人员	-1.162	0.565**	0.725	1.163	-0.630	0.211***	0.236	0.334
劳动合同	-0.571	0.269**	-0.832	0.795	0.058	0.115	-0.288	0.203
养老保障	-0.151	0.330	0.896	0.730	-0.428	0.157***	-0.310	0.217
住房福利	-0.709	0.296**	0.177	0.992	-0.193	0.116*	-0.119	0.273
单位经营状况	-0.996	0.302***	-0.982	0.899	-0.416	0.114***	-0.712	0.218***
无工作经历	1.414	0.291***	1.867	0.676***	1.248	0.134***	0.955	0.168***
工作满意度	-0.230	0.202	-0.608	0.524	-0.207	0.091**	-0.226	0.147
在职搜寻工作意愿	0.595	0.293**	2.214	0.824***	0.666	0.138***	0.594	0.187***
城市变量(以沈阳为参照组)	—		0.096	0.231	—		—	
西安	-0.393	0.418	—		-0.098	0.208	0.057	0.340
武汉	-0.386	0.391	—		-0.121	0.215	0.011	0.360
福州	-0.142	0.406	—		0.443	0.203**	0.332	0.315
上海	-0.124	0.401	—		0.715	0.193***	0.778	0.332**
常数项	0.963	1.191	-1.816	2.981	-1.739	0.576***	-0.085	0.959
Log likelihood	-73.396		-19.511		-373.180		-145.5	
N	411		79		1124		355	

注:(1) ***、**、*分别表示回归系数在1%、5%和10%的水平下显著。
(2) 因非国有垄断行业沈阳的样本数很少,没有对非国有垄断行业城市变量进行详细区分。

首先，国有部门和非国有部门间存在较大差异。不管是垄断行业的国有部门还是竞争行业的国有部门，和专业技术人员相比，如果是行政管理人员会显著降低就业流动的发生，并在1%水平上显著；在非国有部门该变量系数不显著且为正，说明管理人员在国有部门中具有更强的职位依附性，这可能和国有管理人员享有更多的特权和福利待遇有很大关系。住房福利明显阻碍国有部门劳动力就业流动的发生，但在非国有部门该变量不显著，这可能和国有部门享有更优越的住房福利制度有关。这一结果充分说明了行业内部的非同质性，所有制性质在其中扮演了重要的角色，在国有部门中体现出非市场性的特征，而在非国有部门则更趋向于市场特性。

其次，影响各行业国有部门职业流动的因素存在很大差异。女性变量和年龄变量的回归系数在国有竞争行业中显著为正，在国有垄断行业中，年龄变量的回归系数不显著，女性变量的回归系数为负，这在一定程度上表明女性一旦进入国有垄断行业，更可能稳定下来。而国有竞争行业中女性和年龄大的劳动力则更有可能发生职业流动，说明经济体制改革对国有竞争行业的冲击更大，而对国有垄断行业的影响则要小很多。城市变量对国有垄断行业的就业流动均不具有统计显著性，意味着经济发展程度和开放竞争程度对垄断行业的影响较小。但对于国有竞争行业来说，所在城市越是处于开放、发达的省份，职业流动发生的可能性也就越大，比如单位在福州和上海的劳动力发生职业流动的概率明显高于沈阳。这一结果表明市场渗入对不同行业的影响是不同的，垄断行业受市场改革的影响明显小于竞争行业。

最后，影响非国有部门职业流动的因素存在行业差异，但都不显著，说明了行业属性在非国有部门间的弱化趋势。从以上结果可以看出，在国有垄断部门中影响职业流动的因素更多表现出非市场性的特征，但在非国有部门间这种体制性的差异并不具有统计显著性；在国有竞争部门中影响职业流动的因素则是体制性因素和市场性因素的融合，影响非国有竞争行业职业流动的因素则只和企业经营状况和工作匹配有关。值得注意的是，教育和在职培训学习在任何一个部门都不具有统计显著性，表明我国人力资本的利用状况还有待于进一步改善。

本节的实证结果表明，只有国有垄断部门与竞争行业存在体制性分割，而非国有垄断部门与竞争行业之间并不完全满足体制性分割的判定标准，因此不足以证明其与竞争行业间存在体制性分割。以往研究单纯依据行业间收入结构差异来判断劳动力市场分割的做法，所得结果可能只是"收入分割"，而并不必然是体制性分割使然。从理论层面讲，仅仅依靠收入差距也很难将劳动力市场分割理论和竞争理论有效区分开，即存在收入差距并不必然表明劳动力市场体制性分割的存在，这时需要依靠子市场之间职业流动水平、影响职业流动的内在原因等其他维度的信息进行相应的甄别，缺一不可；从实证层面讲，职业流动已成为劳动力市场的常态，行业间不存在流动的假定与现实的劳动力市场相矛盾，遗漏这一变量就会使实证结果不能真实反映劳动力市场状况。劳动力市场的事实告诉我们需要在确定流动障碍的基础上，分析具体的诸影响因素，因为这是区分体制性分割与市场性分割的重要因素。另外，行业内部因为所有制属性不同造成的部门异质性特征，对于我们更准确地分析行业之间的体制性分割意义重大。打破劳动力市场间的职业流动障碍对于消除行业间收入差距很重要，但要解决这一问题不能只强调其中的一个方面，打破行业垄断，建立竞争性的市场机制是一条必须长期坚持的道路，而进一步深化国有企业的产权改革、加强对国有企业工资决定行为的监管、缩小社会保障和福利待遇的部门间差异对消除职业流动障碍进而控制行业收入差距可能更为重要。

第三节 职业流动与行业收入决定差异分析

一 职业流动与行业收入决定差异初步探析

国内学者在研究行业间收入决定差异相关问题时，形成了以下具有代表性的观点：第一种观点认为"所有制垄断"程度决定行业工资水平的高低，并且该种形式的垄断是我国经济体制转型时期的特殊现象（金玉国，2000，2001，2005）；第二种观点则认为行业垄断是行业间收入差距持续存在并不断扩大的直接原因（罗楚亮、李实，2007；金玉国、崔友平，2008；岳希明、李实等，2010；王忠、李彩燕，2011）。叶林祥、李实等在总结前两种观点的基础上使用 2004 年第一次全国经济普查企业数据对企业工资收入差距进行实证分析后，认为行业垄断和所有制性质都是影响企业工资差异的重要因素，并且所有制的影响大于行业垄断的影响，行业垄断与国有企业结合才会导致日益扩大的企业工资差距（叶林祥、李实等，2011）。以上研究所得的较为一致的结论是垄断部门的收入决定往往依据非市场因素来确定。本节感兴趣的是当我们考虑行业间的职业流动情况和行业内部的异质性特征，并依据上文对行业体制性分割的判定结果，考察职业流动对各子市场收入决定的影响作用，将会有怎样的结果？

在中国经济体制转型的过程中，所有制结构的大幅调整、民营经济在国民经济中地位的确立以及市场经济体制的不断完善，使不同部门间的职业流动（有些是政策的结果，有些则是劳动力自我选择的结果）已成为劳动力市场的普遍现象。这也是本章研究的现实依据所在，即劳动者一方面可能并不是被随机分配到各个部门的；另一方面，各个部门间存在一定程度的劳动者自我选择的职业流动。在此背景下有学者基于职业流动角度对国有部门和非国有部门（市场部门）间的不同收入决定机制进行了相关分析，认为劳动力在不同部门之间的流动也是导致转型时期不同部门收入分布不同的重要原因（邢春冰，2007）。在改革的不同阶段，经济政策和劳动力自我选择的不同作用导致职业流动在外在表现形式上体现出"下海"和"下岗"两种类型。有学者据此对城市自愿与非自愿职业流动与收入不平等的关系进行了较为细致的分析论证，认为就业者从国有部门进入市场部门由两种不同的机制所驱动，即自愿进入和下岗被动推入，通常观察到的市场部门从业人员收入较高这一现象，仅局限于后期自愿进入者这一社会群体（吴晓刚，2008）。中国经济体制改革的渐进性特征表明所有制性质不同引致的收入差距与行业垄断导致的收入差距二者相互渗透，而并非互不相关。如上文所分析，不同行业间与不同所有制部门间一样并不是完全分割，而是存在一定程度的职业流动。本节感兴趣的是，依据上文对于行业体制性分割的判定结果，职业流动对不同行业以及不同子市场的收入决定有着怎样的影响？所有制因素在其中又具有怎样的作用？

在较早时候，有文献指出我国劳动力市场具有明显的结构性特征：处于同一阶层的单位之间，流动概率较大；不同阶层的单位之间，流动较少，尤其是自下而上的流动更为困难（Wang，1999）。也就是说，并不是所有劳动者都有平等的机会在不同单位间进行自由流动（严善平，2006）。我们也发现劳动者并不是被随机分配到不同行业和部门的：在改革过程中，垄断行业、国有部门向竞争行业和非国有部门释放了部分冗员,而竞争行业和非国有部门中的劳动者因为垄断行业和国有部门的进入门槛,绝大多数只能在竞争行业和非国有部门内部流动。显然职业流动既受到市场竞争力量的驱使,也一直备受体制性因素的约束。为了更好地认识行业间的结构性特征,本章依托于中国经济转型的大背景,区分同行业职业流动和跨行业职业流动,并依据流动的背后原因,进一步分析自愿流动和被动流动在不同行业中的劳动力市场结果,尝试对垄断行业和竞争行业的收入决定差异问题进行与前人不同角度的分析,以突破惯用的研究模式。

二 实证方法介绍

职业流动会带来劳动者工资收入、所在部门收入分布以及非货币的工作相关特征等方面的变化(Osberg,1986)。这意味着当前的收入至少有一部分是职业流动的回报(惩罚),或者相反,是不流动的惩罚(奖励)(Garcia,2004;Munasinghe,2004)。在 Mincer 工资方程的基础上本章建立了职业流动与不同行业收入决定的基本方程:

$$\ln w_{ij} = \beta_j X_{ij} + \theta_j v_{ij} + \varepsilon_{ij} \qquad (4-5)$$

在(4-5)式中,$\ln w_{ij}$ 代表劳动者个体 i 在行业 j 的小时工资收入对数值,$j=m,c$,分别代表垄断行业、竞争行业。X 是决定劳动者工资收入的一系列解释变量,包括劳动者个体禀赋特征,如性别、年龄、受教育年限、在职培训、疾病等,以及工作特征变量,如无工作经历、单位所有制性质等;由于我国城市劳动力市场地区差异显著,我们也控制了城市变量,并以沈阳为参照对象。v 是职业流动虚拟变量,因进行第二次及以上职业流动的样本数量非常少,本书主要考察调查期间观察到的第一次职业流动的相关情况,即变换一次工作的情形。本节依据本调查数据提供的相关信息对职业流动变量做以下处理:首先,将样本总体区分停留者和流动者,停留者代表着劳动者从得到第一份工作开始到调查结束时都没有变动过工作;流动者则指那些至少变动过一次工作单位的样本。在此基础上,将流动者按流动前后所在行业的异同区分为同行业职业流动和跨行业职业流动;并根据劳动者进行流动是由于单位停产、破产、被兼并、被单位开除等原因被动离开,还是为了寻找更好的工作而自愿离开,将流动者进一步区分为被动职业流动和自愿职业流动两类。根据效用最大化理论,对于自愿主动的职业流动者来说,变换工作是因为改变工作的预期收益大于预期成本,因此,主动的职业流动将有助于后续收入的提高(Bartel & Borjas, 1981); 被动流动是由雇主发起的, 因而独立于劳动者的意志, 与主动的职业流动行为相比, 这类流动往往不利于劳动者后续收入的提高。

为了深入分析职业流动对不同行业及行业内不同子市场收入决定的影响作用, 并保证结果的稳健性, 本书依据以上所区分的三种情形逐层进行回归: 在第一个模型中, 职业流动变量只包含流动者, 对流动者不再进行详细分类, 并以停留者为参照; 在第二个模型中, 我们将流动者区分为同行业流动、跨行业流动两种类型进行回归; 在第三个模型中, 职业流动变量包含主动流动和被动流动, 通过逐层回归更准确地了解职业流动与行业收入决定间的关系机理。

为了便于与以往的研究结果相比较, 本书先按照惯常的做法, 将行业区分为垄断行业与竞争行业考察职业流动对这两个行业收入决定的影响作用。由于本章对于行业体制性分割的判定结果表明, 国有垄断部门与其他行业存在体制性分割, 但不能充分证明非国有垄断部门与竞争行业存在体制性分割, 因此我们依据所有制性质的不同进一步将两个行业分别划分为两个子市场, 来考察职业流动对垄断行业、竞争行业内各子市场收入决定的影响作用及其异质性特征。β、θ 为待估参数, ε 为随机扰动项。

三 职业流动与垄断行业、竞争行业收入决定差异实证分析

对不同行业工资方程的回归结果如表 4-7 所示。总体来看, 女性的工资水平显著低于男性工资水平, 垄断行业的教育回报率低于竞争行业的相应水平, 其中国有垄断行业的教育回报率最低。[①] 在职培训学习只在竞争行业中具有明显的收入效应, 在垄断行业中并不显著。不管在哪个行业国有部门的收入水平均显著高于非国有部门, 体制性因素始终是影响垄断行业高收入水平的一个重要因素。

从模型一的结果来看, 无论是垄断行业还是竞争行业, 流动者的收入水平都显著低于停留者的收入水平, 从这一结果得出的简单结论是职业流动显著降低了劳动者的收入水平, 并且职业流动对收入决定的影响作用不存在行业差异。但当我们区分劳动者流动的行业去向后, 如模型二的回归结果所示, 在控制了教育、年龄等变量后, 最初在垄断行业后来跨行业流动到竞争行业的劳动者的小时平均工资水平比一直留在垄断行业的劳动者

---

① 在对垄断行业和竞争行业进一步区分所有制性质分析不同职业流动的行业收入效应的回归结果中, 所有部门中国有垄断行业的教育回报率最低, 但结果没有列出, 如需要请向作者索要。

的工资水平低 36.24% （$1-e^{-0.45}=0.3624$），并在 1% 水平上显著，说明流动到竞争行业使劳动者遭受到了严重的收入损失，而一直留在垄断行业则使劳动者获得了较高的工资收入溢价。但在垄断行业内部进行同行业流动对劳动者的收入影响不大。对竞争行业来说，跨行业流动到垄断行业的劳动者的小时平均工资水平比停留者高 22.38% （$e^{0.202}-1=0.2238$），并在 10% 水平上显著。而同行业流动则使劳动者工资水平比停留者低 10.95% （$1-e^{-0.116}=0.1095$），并在 1% 水平上显著。

表 4-7 不同类型职业流动对不同行业收入决定影响作用的估计结果

变量	模型一 垄断行业	模型一 竞争行业	模型二 垄断行业	模型二 竞争行业	模型三 垄断行业	模型三 竞争行业
女性	-0.142 0.055***	-0.223 0.027***	-0.135 0.054**	-0.213 0.027***	-0.131 0.055**	-0.226 0.027***
年龄	-0.036 0.023	-0.017 0.011	-0.041 0.023*	-0.018 0.011	-0.037 0.0237	-0.012 0.011
年龄的平方	0.0005 0.0003	0.0002 0.0001	0.001 0.0003*	0.0002 0.0001	0.000 0.000	0.0001 0.000
教育年限	0.045 0.007***	0.051 0.004***	0.044 0.007***	0.051 0.004***	0.045 0.007***	0.050 0.004***
在职培训学习	0.108 0.073	0.117 0.046**	0.111 0.073	0.110 0.046**	0.093 0.073	0.125 0.045***
疾病	-0.148 0.088*	-0.055 0.046	-0.162 0.087*	-0.055 0.046	-0.150 0.087*	-0.059 0.046
无工作经历	-0.240 0.087***	-0.207 0.033***	-0.246 0.087***	-0.201 0.033***	-0.159 0.092*	-0.158 0.035***
国有部门	0.1423 0.073*	0.080 0.032**	0.148 0.072**	0.084 0.032***	0.149 0.072**	0.079 0.031**
流动者	-0.180 0.096*	-0.086 0.037**				
职业流动（以停留者为参照组）						
同行业流动			0.050 0.122	-0.116 0.039***		

续表

变量	模型一 垄断行业	模型一 竞争行业	模型二 垄断行业	模型二 竞争行业	模型三 垄断行业	模型三 竞争行业
跨行业流动			-0.450 0.131***	0.202 0.105*		
职业流动原因（以停留者为参照组）						
自愿流动					-0.255 0.113**	-0.051 0.048
被动流动					-0.349 0.126***	-0.237 0.045***
城市（以沈阳为参照组）						
西安	0.044 0.087	-0.051 0.045	0.033 0.086	-0.055 0.045	0.038 0.086	-0.051 0.045
武汉	0.077 0.079	0.050 0.047	0.058 0.079	0.048 0.047	0.068 0.079	0.053 0.047
福州	0.396 0.085***	0.274 0.046***	0.383 0.085***	0.266 0.046***	0.408 0.085***	0.276 0.046***
上海	0.681 0.085***	0.545 0.044***	0.670 0.085***	0.543 0.044***	0.680 0.085***	0.550 0.044***
常数项	1.643 0.445***	1.308 0.227***	1.747 0.443***	1.291 0.226***	1.657 0.444***	1.225 0.228***
R^2	0.3143	0.3336	0.3271	0.337	0.3247	0.343
N	490	1479	490	1479	490	1479

注：（1）因变量为小时工资的对数。***、**、*分别表示回归系数在1%、5%和10%的水平上显著。

（2）与每一变量相对应的第一行为回归系数，第二行为标准误，下同。

从模型二的结果可知，区分了职业流动类型后，发现职业流动对不同行业收入决定的影响作用存在显著差异。意味着不区分职业流动类型，得出有关职业流动与行业收入决定的关系可能是模糊而有误的，尤其对于竞争行业来说，偏误更大，并且无法甄别职业流动对垄断行业和竞争行业不同的影响效应。

模型三的回归结果表明对于竞争行业来说，只有被动流动会显著降低劳动者的收入水平,自愿流动并不会显著影响劳动者的收入水平。① 对于垄断行业来说,和停留者相比无论是自愿流动还是被动流动都会使劳动者的收入水平受损,即一直留在垄断行业的劳动者获得了高收入溢价。这一结果验证了以上的结论:如果不区分职业流动类型,对竞争行业来说回归的结果可能就是不同类型职业流动的不同收入效应相互抵消后的模糊结果,从而抹杀了垄断行业和竞争行业的结构性差异。同时从三个模型的回归结果可知,如果行业间的流动是自由充分的,将有助于缩小行业间的收入差距。

四 职业流动与各行业内子市场收入决定差异实证分析

以上的回归结果表明不同类型的职业流动对不同行业收入决定的影响效应存在差异,但我们不清楚所有制在其中起什么作用。接下来区分所有制性质,进一步对垄断行业和竞争行业不同类型职业流动与收入决定关系进行深入分析,结果如表4-8、表4-9所示。

模型一的结果说明在国有垄断行业中流动者的收入和停留者相比低 16.47%($1-e^{-0.18}=0.1647$),在国有竞争行业中,与停留者相比流动者的收入水平低 7.5%($1-e^{-0.078}=0.075$),垄断行业的国有部门中流动者收入水平受到了更严重的损失。但无论是垄断行业还是竞争行业中,职业流动对非国有部门劳动者的收入影响都不显著,表明职业流动对劳动者收入的影响因劳动者所在单位所有制性质的不同而存在差异。

模型二的结果表明,在国有垄断行业中跨行业流动到竞争行业使劳动者的收入水平比停留者低 33.63%($1-e^{-0.410}=0.3363$);但对于非国有垄断行业来说,影响不显著。进一步证明了从垄断行业流动到竞争行业所引起的劳动者工资水平的下降,主要是由国有垄断行业的跨行业流动所致,而垄断行业的高工资水平则由那些一直留在国有垄断行业的劳动者获得了,这从侧面说明了垄断和所有制性质对国有垄断行业劳动者收入水平的重要影响作用。对国有竞争行业来说,跨行业流动会使收入上涨 26.49%($e^{0.235}-1=0.2649$),表明行业属性对于劳动者收入水平的重要决定作用;对非国有竞争行业来说,这一流动并不能使他们的收入水平显著

---

① 自愿流动并不能显著提升竞争行业劳动者的收入水平,且划分了国有部门和非国有部门后仍然不显著,这与国外的相关研究结论不一致。本书认为可能的原因是,在当时的改革背景下,竞争行业受到了极大的冲击,劳动力市场结构也发生了深刻且影响深远的变化,因此,劳动者此时的主动流动受政策性因素的影响很大,因此使这一效应很难得到充分显现。

得以提高,这可能与可以进入垄断行业的非国有竞争行业的劳动者数量非常少,因此不具有统计显著性有关;另外也可能是因为从非国有竞争行业中流动到垄断行业的劳动者很难进入垄断行业的内部劳动力市场,因而收入水平无法得到真正的提升,这是本人在后续研究工作中需要进一步验证的结论假设。对国有竞争行业来说,与停留者相比,同行业流动使劳动者收入下降 9.97% ($1 - e^{-0.105} = 0.0997$);对非国有竞争行业来说,这一流动会使劳动者收入下降 12.63% ($1 - e^{-0.135} = 0.1263$)。这一结果从侧面说明在竞争行业中,所有制性质对劳动者收入水平的影响作用已弱化很多。以上实证分析表明职业流动的收入效应不仅表现出较大的行业差异,而且也具有显著的所有制差异,并且这种体制性的影响在国有垄断行业中表现得最为突出。

表 4-8 职业流动对垄断行业内部各子市场收入决定影响作用估计结果

变量	模型一		模型二		模型三	
	国有部门	非国有部门	国有部门	非国有部门	国有部门	非国有部门
流动者	-0.180 0.110 *	0.001 0.222				
职业流动(以停留者为参照组)						
同行业流动			0.026 0.140	0.261 0.271		
跨行业流动			-0.410 0.147 ***	-0.350 0.307		
职业流动原因(以停留者为参照组)						
自愿流动					-0.245 0.132 *	-0.139 0.243
被动流动					-0.344 0.142 **	0.016 0.315
R^2	0.320	0.425	0.329	0.447	0.329	0.428
N	411	79	411	79	411	79

注:(1) 因变量为小时工资的对数,***、**、*分别表示回归系数在1%、5%和10%的水平上显著。

(2) 回归控制了年龄和年龄的平方、教育、在职培训学习和城市等变量,为节省空间,结果没有列出。

表4-9 职业流动对竞争行业内部各子市场收入决定影响作用估计结果

变量	模型一 国有部门	模型一 非国有部门	模型二 国有部门	模型二 非国有部门	模型三 国有部门	模型三 非国有部门
流动者	-0.078 0.045*	-0.102 0.068				
职业流动原因（以停留者为参照组）						
同行业流动			-0.105 0.046**	-0.135 0.072*		
跨行业流动			0.235 0.138*	0.117 0.161		
职业流动原因（以停留者为参照组）						
自愿流动					-0.068 0.057	-0.001 0.086
被动流动					-0.237 0.054***	-0.198 0.081**
R^2	0.3054	0.438	0.3089	0.4418	0.3152	0.4448
N	1124	355	1124	355	1124	355

注：(1) 因变量为小时工资的对数，***、**、*分别表示回归系数在1%、5%和10%的水平上显著。

(2) 回归控制了年龄和年龄的平方、教育、在职培训学习和城市等变量，为节省空间，结果没有列出。

模型三的结果表明，在竞争行业中，不管是国有部门还是非国有部门，只有被动流动会使收入显著受损，但国有部门受损要大于非国有部门。在垄断行业的国有部门中，自愿流动和被动流动分别使劳动者收入水平下降21.73%（$1-e^{-0.245}=0.2173$）和29.11%（$1-e^{-0.344}=0.2911$），但对于非国有垄断行业的劳动者来说，自愿流动和被动流动对其收入水平影响均不显著。模型三的回归结果再次证明，一直留在国有垄断行业的劳动者享受到了垄断行业的高工资水平，但是垄断对于非国有垄断行业来说，影响极其有限，说明体制性因素在国有垄断行业收入决定中的特殊作用。在竞争行业中，所有制因素在一定程度上仍影响着劳动者的收入水平，但是随着市场力量的不断深入，该影响作用已被显著弱化。

本节的研究表明，兼受市场力量和体制性因素影响的职业流动是影响不同行业收入决定机制存在差异的重要因素，并且需要区分职业流动的类型和职业流动背后的原因才能得出正确的结论。原因是，在中国渐进性经济体制改革的进程中，垄断因素本身对于行业收入决定的关键性作用离不开所有制因素与经济政策的相互渗透而产生的体制性流动障碍，职业流动及其经济结果在国有垄断行业中表现出的显著的体制性特征验证了这一点。这表明经济体制改革并不必然意味着可以形成公平、统一的劳动力市场和竞争性的市场经济体制。也就是说，市场竞争对于具有不同所有制性质的行业的影响是不同的，市场渗入对国有垄断行业的影响远远小于其他部门。外在的表现就是虽然职业流动已经成为劳动力市场的一个常态，但是行业和部门之间体制性的流动障碍却始终存在。从这个角度讲，打破劳动力市场间的职业流动障碍和有效监督国有部门的收入决定机制对于消除行业间收入差距具有同等重要的意义，而打破职业流动障碍则必须制度先行。

相较于以往研究行业收入决定问题的文献往往不考虑职业流动因素，而只考虑人力资本因素和体制性因素，并假定行业间是完全封闭的劳动力市场的研究模式，本书弥补了遗漏变量的缺憾，更贴近于现实的劳动力市场特征，并为学者今后从职业流动角度更深入地研究收入决定差异问题起到了抛砖引玉的作用。

第四节 本章结论与启示

本章从行业间表现出的外在职业流动特征、行业收入差距、各行业劳动者伴随职业流动的收入水平变化与影响职业流动的诸因素分析四个维度的判断，且考虑行业内异质性特征，探讨了行业的体制性分割问题。在此判定结果的基础上，详细考察了职业流动对垄断行业、竞争行业与行业内子市场收入决定的影响作用及其异质性特征。

首先，我们发现国有垄断部门与竞争行业间的确存在体制性的分割。因为实证研究结果表明，国有垄断部门收入水平显著高于其他部门尤其是非国有竞争部门的收入水平；竞争行业的劳动者很难流动到该部门；决定国有垄断部门劳动者职业流动的因素体现出显著的体制性特征；劳动者流出国有垄断部门会遭受显著的收入损失。有关劳动力市场分割的所有体制性判断标准在此都找到了相应的证据。但对于非国有垄断部门来说，虽然该部门与竞争行业存在收入差距，但非工资性收入水平只相当于非国有竞争行业水平，且垄断因素及其他非经济性因素对该部门职业流动的影响非常有限，即并不存在显著的"体制性流动分割"，因此，还不足以说明该部门与竞争行业间存在体制性分割。我们认为和行业之间的结构性差异相比，行业内所有制异质性特征对正确分析我国行业之间的体制性分割更为重要。

其次，我们发现行业间存在职业流动，并表现出既非完全封闭也非充分自由、对称的特征。实证研究结果表明，职业流动对每个行业的收入决定均有影响作用，而对不同行业的收入决定的影响作用具有显著的差异。

再次，单纯的流动与否变量无法甄别其对垄断行业和竞争行业收入决定所具有的差异性的影响作用，原因是我国经济体制改革的渐进性，使职业流动兼受市场力量和体制性因素影响，而处于不同行业的劳动者所受的影响程度显然不同。只有区分职业流动的具体类型和职业流动背后的原因才能把体制性的因素与市场性的因素对不同子市场的影响区别开来。

最后，垄断因素本身对于行业收入决定的关键性作用离不开所有制因素与经济政策的相互渗透而产生的体制性流动特征的支撑，职业流动在国有垄断部门中表现出的显著的体制性特征验证了这一点。一直留在国有垄断部门的劳动者获得了较高的收入溢价，而对于流出该部门的劳动者，不论以何种形式流出，收入都受到了显著的损失，表明市场分割会扭曲职业流动对劳动力资源优化配置的作用。

由本章的结果可以发现，经济体制改革并不必然意味着可以形成公平、统一的劳动力市场和竞争性的市场经济体制。体制性的惯性障碍，使行业间和部门间的职业流动仍然受到很大制约，并表现出不足的特征，职业流动不能很好地发挥缩小行业收入差距的应有作用。从这个角度讲，打破劳动力市场间的职业流动障碍与进一步深化国有企业的产权改革、有效监督国有部门的收入决定机制对于消除行业间收入差距具有同等重要的意义。而缩小社会保障待遇和福利水平的部门间差异是消除职业流动障碍，进而控制行业收入差距不可缺少的重要举措。

第 四 篇

次要劳动力市场中的职业
流动及其收入效应分析

第五章　农民工职业流动与收入增长[①]

农民工作为具有中国特色的一个群体，从20世纪80年代末90年代初开始的"民工潮"，一直到21世纪的"民工荒"，其城乡流动及其相应的经济后果一直以来都是学者关注的热点。本章感兴趣的是，通过观察农民工在其所处的城市次要劳动力市场内部的职业流动行为，从农民工的职业身份出发研究其职业流动背后的本质原因及农民工在城市劳动力市场上的生存状态。当将研究所得的市场后果与农民工的体制性身份相结合，反观城市劳动力市场的二元特性时，将得到怎样的诠释？

本章使用2008年执行的中国住户收入调查数据（CHIP）的城市移民（农民工）数据，探讨了农民工职业流动对其收入增长获得的促进作用。有别于以往的相关研究，本书以有过职业流动经历的农民工作为本章的样本总体，将进入城市劳动力市场后只在同一个城市转换工作的农民工定义为"当地型职业流动者"；将转换工作时也发生了城市流动的农民工定义为"迁移型职业流动者"。在理论分析的基础上，通过建立适合流动就业农民工的收入增长模型对样本总体、当地型职业流动者和迁移型职业流动者的收入增长决定因素进行了分析比较；并以当地型职业流动者为参照对象，考察了城市流动对样本总体所具有的额外收入增长效应。研究发现，农民工在职业流动的时候往往伴随发生了城市流动，城市流动可谓职业流动的子集。有职业流动经历的农民工总体中38%为单纯的当地型职业流动者，62%为伴随变换城市的迁移型职业流动者，决定这两类流动者收入增长的因素存在显著差异。简单的城市变换变量无法准确衡量其对流动就业农民工的额外收入增长效应，当区分具体的不同方向的城市流动后，才能得到其对流动农民工所具有的额外的收入增长效应。

[①] 本章的核心内容发表在《农业经济问题》2013年第12期，文章标题为"工作转换、流动与农民工收入增长"。

我们认为农民工频繁的职业流动行为和高度伴随发生的城市流动行为并不是农民工盲目流动的表现；相反，这一流动特征恰恰反映了农民工为争取高收入水平的理性行为。即农民工所处的城市低端劳动力市场是一个竞争较充分的劳动力市场，在这一层级的劳动力市场内，农民工的职业流动行为及其经济后果更符合工作搜寻理论和职业匹配理论对于职业流动收入增长效应的理论解说。但是农民工的职业流动行为同时又具有无奈的色彩：当社会保障待遇、福利水平等非货币性的收入水平无法得到平等的市民待遇，且长期有效的职业内收入增长机制缺失时，农民工只有通过"短视化"地频繁更换工作和所在城市，以换取更高的即期工资收入水平。

本章具体结构安排如下：第一节为农民工职业流动特征与收入增长初步分析；第二节为样本统计描述、模型设定与变量说明；第三节为职业流动与农民工收入增长决定因素实证分析，分析了"迁移型职业流动者"与"当地型职业流动者"收入增长的决定因素的差异性，并详细论证了迁移型职业流动对流动农民工全体的收入增长所具有的额外效应；第四节为本章结论与启示。

第一节 农民工职业流动特征与收入增长初步分析

一 农民工职业流动特征描述与样本数据说明

农民工是一个职业流动相当频繁的群体（白南生、李靖，2008；黄乾，2011；李长安，2010），而且无论是哪个职业，其职业流动率都显著高于城镇居民，并具有区别于城镇居民的特殊性（John Knight & Linda Yueh，2004），而这种高流动性又主要表现为转换工作的同时很大程度上也伴随着城市（地区）流动行为。高颖发现 30 岁及以上的农民工平均外出务工时间为 9.65 年，平均在 3 个城市务工；而 16—30 岁的新生代农民工的平均情况则是在 3.72 年的时间辗转于 2.52 个城市（高颖，2008）。姚俊也发现农民工在城市就业过程中，城市间流动次数在 2 次以上、企业间流动次数在 3 次以上的流动占农民工流动就业的比重最高，为 42.9%（姚俊，2010）。这意味着农民工在其"候鸟式"的就业流动过程中，职业流动和城市流动具有高度的相伴相生特征，农民工就业流动行为可能存在异质性，也表明农民工的收入水平与职业流动和城市流动均存在相关关系。当我们研究农民工的职业流动及其经济后果时，如果不考虑城市流动对收入增长的作用，可能会高估或者低估职业流动对农民工的收入增长效应。因此有必要对农民工就业流动过程中的城市流动特征及其对这个群体的收入增长所具有的贡献进行深入的探究，以便对农民工频繁流动行为的动因有更准确的认识。本章感兴趣的是涉及城市（地区）流动的职业流动者与单纯的不变换城市（地区）的职业流动者之间是否存在显著差异，尤其是城市流动对于流动农民工群体的收入增长效应如何？另外，现存的文献通过简单的农民工是否变换过城市来界定城市流动并衡量其收入效应的做法，无疑是将城市流动行为完全同质化了，所得的相应研究结论的准确性有值得商榷的地方。因此，本章将具体区分城市流动的方向详细考察这一行为对流动就业农民工的收入增长效应。在目前"民工荒"背景下，全面地分析农民工的就业流动动因及其经济后果，探索农民工稳定就业、适度流动及农民工本地化就业的可行路径，对于我国加快城镇化建设尤其是实现真正的"人的城镇化"的目标有着重要的意义。

基于此，本书选取有过职业流动经历的农民工作为本章的样本总体，将进入城市劳动力市场后只在同一个城市转换工作的农民工定义为"当地型职业流动者"；将转换工作时也发生了城市流动的农民工定义为"迁移型职业流动者"。在此基础上，对二者收入增长的决定因素进行分析比较，并以当地型职业流动者为参照对象，考察城市流动对样本总体所具有的额外收入增长效应。本章的研究试图回答以下四个问题：第一，当地型职业流动和迁移型职业流动的收入增长是否相同？第二，城市流动行为对于整个流动就业的农民工群体的收入增长起到了什么样的作用？第三，哪一类农民工可以在职业流动中借助城市流动取得更高的收入增长水平？第四，如何解释农民工所具有的频繁的职业流动与伴随发生的城市流动行为？

本章采用2008年实施的中国住户收入调查数据（CHIP）的城市移民（农民工）部分对以上问题进行分析。该数据的调查问卷由中外专家设计，国家统计局城调队统一收集数据。数据涵盖了我国15个具有代表性的城市，包含2个西部地区城市：重庆、成都；5个中部地区城市：武汉、郑州、洛阳、合肥、蚌埠；8个东部地区城市：上海、杭州、宁波、南京、无锡、广州、东莞、深圳。调查样本包括 5000 个农民工住户样本，8287 个农民工，其中男性农民工为 4701 个，女性农民工为 3586 个。该数据对职业流动者的个体特征、首份工作和目前工作所在行业、所有制性质、职业、合同类型、收入水平进行了非常详细的记录，同时对于农民工群体进入城市从事非农工作以来变换城市的次数、具体的城市流动方向也给予了相应记录，由此我们获得了有关农民工进城从事非农工作后职业流动与城市流动的较客观准确的信息。为了研究职业流动的收入增长效应，样本须同时满足以下两个条件：第一，至少可以观测到两个收入信息，即进入城市劳动力市场后离开首份工作的收入信息和变换工作后目前具有的收入水平，据此我们可以计算农民工的收入增长情况。第二，换过工作，由此我们可以以当地型职业流动为参照对象，观察迁移型职业流动的经济后果与前者的区别。根据以上条件，我们将样本总体限定在具有转换工作经历的农民工群体，删除了那些进入劳动力市场后一直停留在一个工作单位的样本和只记录了一个收入信息的样本，并进一步将样本范围限定在年龄为 16—60 岁的农民工，再依次剔除那些遗漏个人特征信息的样本，并对月平均收入水平的极端值和异常值进行进一步剔除后，最后可用样本为 2951 个，其中当地型职业流动者为 1119 个，迁移型职业流动者为 1832 个。

二 职业流动与农民工收入增长初步分析

劳动者收入增长途径大致可以区分为两类：第一，长期就职于某一个工作单位所带来的职业内收入增长；第二，由于转换工作单位而可能导致的职业间收入增长。职业内收入增长主要来源于工作经验和特定人力资本的积累；导致职业间收入增长的原因与前者相比较为复杂，因为转换工作通常会导致特定人力资本的丢失，如果职业流动后仍然经历了收入增长，可能源于在职搜寻工作使得劳动者找到了更具有生产效率的雇佣关系（Jeffrey J. Yankow，2003），从而实现了劳动者的比较优势（Johnson，1978）、更高的工作匹配质量（Javanovic，1979a），抑或是因为不断的在职搜寻发现了那些会支付更高报酬的工作单位（Burdett，1978）。有关职业流动可能带来收入增长的相关理论，对分析城市流动的收入增长效应具有很强的借鉴意义。按照标准的人力资本理论来讲，理性的经济个体在变换工作地区的时候会进行相应的成本—收益分析。当变换到目的地可能获得的潜在收益的现值高于变换原来工作地所带来的各种成本时，地区

（城市）流动的行为就会发生（Sjaastad，1962）。Schwartz（1976）认为城市（地区）流动是劳动者在转换工作的同时也变换城市（地区）的一种行为，因此，城市（地区）流动应该是职业流动的子集。劳动者进行城市（地区）流动的原因多种多样，但是一个共识是城市（地区）流动的决定往往和职业流动相伴而生（Bartel，1979；Long，1988）。这一结论也与我国在城市劳动力市场上从事非农工作的农民工的职业流动特征较为吻合。换句话说，城市（地区）流动是工作搜寻过程中常常会发生的一个结果，职业流动带来的收入增长效应中有很大比例可能来自城市（地区）流动的贡献。

第二节　样本统计描述、模型设定与变量说明

一　样本统计描述

基于以上理论分析，我们对本章的样本特征进行相应的统计描述，观察农民工职业流动与城市流动的关系与特征及当地型职业流动者和迁移型职业流动者的收入增长特征。

表5-1　职业流动与城市流动的关系及特征描述

城市变换		未变换过城市	变换过1个城市	变换过2个城市	变换过3个及以上城市
职业流动	流动者	37.88%	30.69%	13.90%	17.53%
	主动流动	37.82%	31.01%	14.24%	16.94%
	被动流动	38.59%	27.01%	9.97%	24.44%

注：本数据是在未删除收入缺失样本的情况下，计算的农民工职业流动和城市流动的统计结果。

表5-1是职业流动与城市流动相关关系与特征的统计分析，结果与以上理论分析高度一致：职业流动与城市流动具有高度的伴随发生特征。样本总体中37.88%为当地型职业流动者，62.12%的则为迁移型职业流动者。迁移型职业流动者中有30.69%的农民工变换过1个城市，13.90%的农民工变换过2个城市，17.53%的职业流动者变换过3个及以

上的城市。这说明对于农民工职业流动者总体来说,城市流动是农民工高就业流动特征的一个重要体现,在其流动经历中扮演着很重要的角色,这一特征在一定程度上表明城市流动对农民工在整个城市劳动力市场上的收入增长轨迹有着不可忽视的决定作用。当把职业流动者按照其职业流动背后的原因区分为主动流动和被动流动后,比较二者之间总体的城市流动特征的差异,发现二者具有几乎相同的城市流动比例,表明不管什么原因的职业流动行为,总是伴随着相同的城市流动行为,某种意义上佐证了"迁徙"是流动农民工的共同特征。而在具体的变换城市次数上,被动流动者变换3次及以上次城市的比例显著多于主动流动者的这一比例,在一定程度上说明工作状态越不理想其稳定性也就越差。

表5-2　　　　　　城市分布与具体城市流动特征描述

流动类型	当地型职业流动者			迁移型职业流动者		
起初所在城市	西部地区	中部地区	东部地区	西部地区	中部地区	东部地区
职业流动后所在城市						
西部城市	100%			70.47%	4.86%	11.86%
重庆	49.00%			38.93%	2.87%	5.15%
成都	51.00%			31.54%	1.99%	6.71%
中部城市		100%		6.38%	63.36%	16.18%
武汉		47.66%		0.34%	17.44%	3.77%
郑州		31.64%		1.68%	22.52%	4.78%
洛阳		7.81%		0.34%	8.39%	0.64%
合肥		9.38%		2.68%	9.49%	4.87%
蚌埠		3.52%		1.34%	5.52%	2.11%
东部城市			100%	23.15%	31.79%	71.97%
上海			18.18%	3.69%	6.18%	11.03%
杭州			14.45%	3.02%	5.08%	14.71%
宁波			9.74%	1.34%	4.86%	8.55%
南京			12.34%	2.68%	3.75%	12.22%
无锡			11.04%	0.67%	0.22%	2.57%
广州			10.71%	0.34%	1.77%	3.45%
东莞			11.69%	4.03%	4.42%	10.57%
深圳			11.85%	7.38%	5.52%	8.82%

表5-2是对当地型职业流动者工作所在城市分布和迁移型职业流动者具体的城市流动特征的统计描述。从迁移型职业流动者来看，职业流动前在西部地区工作的农民工中有6.38%流动到了中部城市，23.15%流动到了东部城市，其中流动到深圳的比例最高，其次为东莞、上海、杭州和南京。表明和中部城市相比，东部城市对于农民工的吸引力更大；职业流动前在中部地区工作的农民工中只有4.86%流动到了西部城市，31.79%流动到了东部城市，其中流动到上海的比例最高，其次为深圳、杭州。从迁移型职业流动者的城市流动行为来看，省会城市和大城市是农民工"迁移"的首选，这一特点在当地型职业流动者身上同样有所体现。从以上数据结果看，与职业流动前在西部地区工作的农民工相比，职业流动前在中部地区工作的农民工更多地流动到了东部城市，这可能与从西部地区流动到东部地区需要承担更多的成本有一定的关系。同样，这也可能是大多数迁移型职业流动者会选择地缘比较近的城市之间流动的原因所在。从以上具体的城市流动特征来看，我们预测农民工城市流动的行为可能并非盲目，那么该行为的经济后果以及与当地型职业流动者的区别便成为我们后面实证分析所关注的重点。

表5-3是在删除了相关缺失项后最终要使用的样本分布和相应的收入增长特征的统计描述。样本总体中当地型职业流动者占37.91%，迁移型职业流动者占62.09%，这一结果与表5-1中未删除收入项的结果高度一致，表明农民工职业流动和城市流动相伴而生的特征具有高度的稳定性，也说明本书并不存在严重的样本选择问题，这一特征为本书后续实证结果的准确性奠定了良好的基础。样本中男性农民工占61.58%，女性农民工占38.42%。由样本总体可知，农民工月收入水平的年均增长率为5.635%，当地型职业流动者和迁移型职业流动者月收入水平的年均增长率分别为6.150%和5.361%，前者略高于后者，但差异不大。这一结果可能与没有考虑样本总体内部的异质性有关，更重要的可能是和没有具体区分城市流动类型有关，如表5-2中的统计结果所示，农民工在城市流动的过程中，会出现从经济不发达的城市迁移到经济发达的城市，或者方向相反，抑或是在同一个地区的不同城市间变换工作。不同方向的城市流动行为可能有助于提升农民工的收入增长水平，也可能会不利于农民工的收入增长，这提醒我们单纯的城市流动变量可能并不是一个很好的可以衡量城市流动是否具有额外收入增长效应的方法，我们需要区分农民工的不

同迁移方向,从而得出更为准确的城市流动的收入增长效应。

表 5-3　　　　　　样本分布与年均收入增长比较

变量	样本总体		当地型职业流动者		迁移型职业流动者	
	人数比例	增长均值	人数比例	增长均值	人数比例	增长均值
总体	100%	5.635%	37.91%	6.150%	62.09%	5.361%
男性	61.58%	5.550%	53.07%	6.283%	66.78%	5.232%
女性	38.42%	5.717%	46.93%	5.878%	33.22%	5.595%
主动流动者	92.30%	5.928%	92.07%	6.507%	92.44%	5.621%
被动流动者	7.70%	2.640%	7.93%	2.730%	7.56%	2.594%

注:为了不同时间点和不同城市间农民工收入水平的可比性,本书的收入数据根据统计局公布的相关 CPI 指数,以 2002 年为基期,均进行了相应的平减。

从主动流动和被动流动的统计结果看,样本总体中 92.30% 为主动流动类型,被动流动仅占 7.70%,当地型职业流动和迁移型职业流动中主动流动和被动流动的比例与样本总体高度保持一致,且无论从样本总体还是区分当地型职业流动者和迁移型职业流动者两种类型看,主动流动者的收入增长速度均高出被动流动者 1 倍多。说明主动的职业流动是农民工群体提高工资水平的主要方式,这和蔡昉、刘林平等的研究结论相一致(蔡昉等,2005;刘林平等,2006)。从侧面也说明了长期以来农民工一直具有的高就业流动性和城市就业的不稳定与该行为背后的经济驱动是必然相关的。

表 5-4 为区分教育水平的样本总体、当地型职业流动者与迁移型职业流动者的年均收入增长统计描述。样本总体中,主要由具有初、高中教育水平的农民工构成,这两项的人数比例占样本总体的 83%,小学及以下占 13%,大专及以上的人数只占 4%,表明农民工群体的一般人力资本状况仍普遍较低。区分当地型职业流动者和迁移型职业流动者来看,迁移型职业流动者中具有初中及以下教育水平的人数比例高于当地型职业流动者的这一比例,而高中及以上教育水平的人数比例则低于当地型职业流动者的这一比例,在一定程度上表明受教育水平较低的农民工个体更倾向于进行迁移型职业流动。

表 5-4　　　　　　区分教育水平的年均收入增长特征比较

变量	样本总体 人数比例	样本总体 增长均值	当地型职业流动者 人数比例	当地型职业流动者 增长均值	迁移型职业流动者 人数比例	迁移型职业流动者 增长均值
受教育程度						
小学及以下	12.93%	3.704%	11.15%	2.340%	14.04%	4.355%
初中	54.96%	5.911%	52.45%	6.492%	56.40%	5.607%
高中、中专	27.81%	5.980%	30.87%	6.636%	26.02%	5.580%
大专及以上	4.29%	9.566%	5.53%	14.290%	3.54%	6.525%

注：为了不同时间点和不同城市间农民工收入水平的可比性，本书的收入数据根据统计局公布的相关 CPI 指数，以 2002 年为基期，均进行了相应的平减。

从表 5-4 的结果中，我们发现不同教育水平的农民工在职业流动中的收入增长特征存在一定的差异：总体来看，受教育水平越高，其月收入水平的年均增长速度越高，大专及以上农民工的收入增长速度为 9.566%，小学及以下则只有 3.704%；当区分当地型职业流动和迁移型职业流动后仍然表现出受教育水平越高，收入增长速度越高的特征，但二者之间仍然表现出一定的异质性：对于当地型职业流动者来说，具有小学及以下教育水平的农民工的收入增长速度只有 2.340%，而大专及以上的则为 14.290%，后者的收入增长速度高出前者 5 倍多；对迁移型职业流动者来说，具有小学及以下教育水平的农民工的收入增长速度为 4.355%，而大专及以上的则为 6.525%，后者的收入增长速度是前者的 1.5 倍；在一定程度上表明具有较高教育水平的农民工通过当地型职业流动形式可以获得更高的收入回报，而受教育水平较低的农民工则可通过迁移型职业流动使其收入回报得到较大的改善。这一统计结果与 Jeffrey J. Yankow 的研究结论较为一致，在该研究中作者发现受教育低于 12 年的牵涉地区流动的职业流动行为给这个群体带来了即时的收入增长效应，而对于受到更高教育的群体来说，换地区流动的收入效应则在两年后才会显现（Jeffrey J. Yankow，2003）。

二　模型设定与变量说明

（一）模型来源及设定

本书所使用的收入增长模型借鉴于 Keith 与 McWilliams（1997）的收

入增长模型的思路,① 在此基础上,本书根据我国国情和农民工特征对以上模型进行相应修改和重新构建,加入城市流动变量,并以当地型职业流动者为参照,研究城市流动对样本总体的收入增长效应。为了详细区分不同类型流动模式农民工的收入增长效应,分别对样本总体、当地型职业流动者和迁移型职业流动者的收入增长因素给予比较分析。

$$\Delta \ln W_i = \beta \Delta X_i + \varepsilon_i^* \tag{5-1}$$

$$\Delta \ln w_i = \delta \ln W_{i,0} + \beta \Delta X_i + e_i \tag{5-2}$$

$$\Delta \ln w_i = \xi \ln W_{i,0} + \beta \Delta X_i + \gamma Migrate_i + \mu_i \tag{5-3}$$

(5-1)式为标准的收入增长模型,(5-2)式为 Keith 与 McWilliams (1997) 的收入增长模型,当系数 δ 为零时,则 Keith 与 McWilliams 的收入增长模型转变为标准的收入增长模型。(5-3)式为本书研究城市流动收入增长效应的模型。$\Delta \ln w_i$ 为因变量,表示农民工进入城市劳动力市场后从初职到调查期所经历的收入增长,即职业流动后和流动前月平均收入的对数值之差,② $\ln W_{i,0}$ 是农民工进入城市劳动力市场后离开首份工作时的月收入水平的对数值,X_i 为一系列影响农民工收入增长的变量,包含农民工进入城市劳动力市场后始终保持不变,但对收入水平有影响的变量,如性别、受教育程度等,也包含农民工在流动前后发生变换的自变量,如职业流动前后所在单位职业、合同类型、行业、单位所有制性质的改变情况、其间是否参加在职培训学习等。$Migrate_i$ 是城市流动虚拟变量,分别从两个层面进行度量:第一,在回归中加入单纯的城市变换与否变量;第二,根据我国对于东部地区、中部地区和西部地区的划分,区分具体方向的城市流动,来判断城市流动所具有的收入增长效应。δ、ξ、β、γ 为待估参数,e、μ 为残差项。

(二)变量说明

(1) 农民工进入城市劳动力市场后离开首份工作时的月平均收入对数值。在本章的收入增长模型中加入该变量是基于以下两点理由:第一,农民工首次进入城市劳动力市场的时间和地点不相同,这样他们所具有的起始工资水平便存在差异,比如在东部地区工作的农民工其起始工资水平

---

① Keith 和 McWilliams (1997) 的收入增长模型的具体推导过程详见本章附录。

② 考虑到农民工进入劳动力市场的时间存在差异,物价水平有较大的变动,为了收入水平的可比性,本书以 2002 年为基期,将所有的收入水平依据统计局提供的各省各年的 CPI 数据,均进行了平减。

高于中部地区，更高于西部地区，如果不加以控制，可能会导致我们得出其他地区的收入增长速度高于东部地区的结论。因为对于东部地区来说需要增加更多的货币收入才能达到和其他地区相同的收入增长速度，显然这会误导城市流动对农民工收入增长效应的正确分析。第二，农民工离开首份工作时的工资水平在一定程度上可以看作是农民工搜寻下一份工作的保留工资，保留工资水平的不同会导致后续工作的工资水平出现差异，进而也会影响后续收入增长的轨迹。因此，如果不加以控制，可能会有遗漏重要变量之嫌和严重的样本选择问题。

(2) 农民工个性特征变量。①广义的人力资本变量。主要包括年龄及年龄的平方、当前工作年限及平方、职业年限及平方、受教育程度、在职培训学习情况。根据人力资本理论，年龄、当前工作年限和职业年限常常作为工作经验的替代变量出现在工资决定方程中，且年龄、当前工作年限和职业年限与收入水平正相关并具有"倒U形"的非线性关系特征，在本模型中加入这些变量可以将其对农民工职业内收入增长的影响作用加以控制，以便更准确地衡量城市流动对农民工职业间收入增长的贡献份额；对于受教育程度来说，受教育水平越高，就越有可能具有较高的生产效率，从而有较多的机会获得更高的收入增长。而离开首份工作后到当前工作期间是否接受了在职培训学习可以衡量人力资本存量的改变对于农民工收入增长的促进作用，通常来说，接受在职培训有利于收入水平的提高。②婚否。一般意义上讲，已婚更有助于劳动者稳定下来，从而减少城市流动的概率，因此已婚和未婚对于劳动者收入增长轨迹的影响可能存在一定的差异。③性别。在传统的社会中，女性通常被认为更适合家庭劳动，因此在流动中即便是相同的流动行为，也可能会因为雇主对于女性社会属性的固有认识，对女性流动行为存有一定的歧视，从而造成女性农民工的收入增长水平显著低于男性农民工的这一水平。

(3) 职业流动前后发生改变的工作相关变量。①职业的改变。②行业的改变。大量的实证研究表明，劳动者的职业以及所处行业对其工资水平的影响十分显著。具有较高职业层级的农民工可能有更多的机会获得较快的收入增长，因此从体力工人转变为非体力工人将会有助于收入水平的提高；黄乾认为行业之间的职业流动对所有收入层次的农民工的收入增长都有显著的负向影响（黄乾，2010）。本章以没有改变行业为参照对象，考察改变行业对收入增长的影响。考虑到农民工所处的行业更多集中在劳动密集型、技术含量较低的竞争性行业，本书倾向于认为行业的改变对于农民工收入增长的影响可能非常有限。但从第三章的分析中，我们发现，不同的行业具有不同的收入决定机制，虽然农民工处于城市劳动力市场的较低端，但这一机制也有可能会产生相同的效应。③合同类型的改变。已有的研究认为，签订合同可以显著提高进城务工人员的收入水平（陈祎、刘阳阳，2010）。本书将农民工在首份工作和目前工作的合同类型区分为无任何合同、有合同和自我经营三类，考察当农民工在转换工作的过程中同时也改变合同类型对其收入增长可能会产生的影响。因合同背后往往与相关的社会保障和福利待遇有直接的联系，本书也倾向于认为从其他形式转为无合同类型将不利于农民工的收入增长，而从无任何合同转变为有合同则有利于农民工的收入增长。④单位所有制性质的改变。农民工较多集中在个体和私营单位中，本书以流动前后都始终在个体、私营单位工作为参照对象，考察职业流动过程中处于不同所有制性质的单位是否对农民工的收入增长产生实质的影响。在（5-2）式和（5-3）式中加入行业改变和单位所有制性质改变两个变量，主要的目的是想考察体制性的因素是否也会给农民工的收入增长带来实质性的影响。

（4）城市流动虚拟变量。根据本章第二部分的统计分析可知，单纯的城市变换与否变量可能无法准确衡量其对农民工收入增长的贡献份额，为了回归结果的稳健性，本书对于城市流动所可能具有的收入增长效应采取分层考量的办法进行：第一步，在收入增长模型中加入单纯的城市变换与否变量，并以未变换过城市的当地型职业流动为参照对象，考察城市流动对于农民工收入增长的影响；第二步，考虑农民工城市流动的不同方向可能会对农民工的收入增长产生不同影响，本书根据我国对于三大区域的划分，依据农民工在职业流动前后所在城市归属的区域，将城市流动区分为始终在西部城市，从西部城市移出，从东部、中部城市移向西部城市，始终在中部城市，从中部城市移到东部城市，从东部城市移到中部城市以及始终在东部城市七种类型，并以始终在西部城市工作的农民工为参照对象，分析不同方向的城市流动行为对农民工收入增长的具体影响作用。

第三节 职业流动与农民工收入增长决定因素实证分析

一 流动就业农民工的收入增长决定因素及差异分析

本章使用STATA11.0软件运用收入增长模型（5-2）式，对样本总体、当地型职业流动者和迁移型职业流动者的收入增长决定因素进行了回归，结果见表5-5。

从表5-5的回归结果可知，决定当地型职业流动者和迁移型职业流动者收入增长的因素既有共同之处，同时也存在显著的差异。表明决定样本总体收入增长因素的特征是由具有异质性的当地型职业流动者和迁移型职业流动者混合的结果。考虑到样本总体中62.09%的职业流动者同时也伴随着城市流动的行为，其异质性问题值得进一步关注。

就决定二者收入增长的共同因素来看，具有以下特征：

（1）农民工进入城市劳动力市场后离开首份工作时的月平均收入对数值系数为负，并在1%水平上显著。这一方面说明，如果不对该变量加以控制，模型设定会有遗漏重要变量之嫌，从而导致估计结果出现偏差；另一方面也印证了首份工作的收入水平越高，若想要和收入水平较低的农民工保持相同的收入增长速度，则需要更多的货币收入增加量才可达到。

表5-5 　　　　　　农民工收入增长的OLS回归结果

变量	样本全体	当地型职业流动者	迁移型职业流动者
首份工作月收入对数	-0.913*** （0.012）	-0.909*** （0.021）	-0.917*** （0.015）
男性	0.165*** （0.017）	0.182*** （0.026）	0.154*** （0.023）
已婚	0.023 （0.024）	-0.005 （0.040）	0.044 （0.030）
年龄	0.026*** （0.007）	0.015 （0.011）	0.033*** （0.009）
年龄的平方	-0.000*** （0.000）	-0.000* （0.000）	-0.001*** （0.000）
当前工作年限	0.027*** （0.010）	0.023 （0.018）	0.034*** （0.013）
当前工作年限的平方	-0.002*** （0.001）	-0.001 （0.001）	-0.003*** （0.001）
职业年限	0.024*** （0.008）	0.021 （0.015）	0.025*** （0.009）
职业年限的平方	-0.000 （0.000）	-0.001 （0.001）	-0.000 （0.000）

续表

变量	样本全体	当地型职业流动者	迁移型职业流动者
受教育水平（以小学及以下为参照）			
初中	0.050* (0.026)	0.126*** (0.043)	0.021 (0.033)
高中、中专	0.117*** (0.029)	0.171*** (0.048)	0.103*** (0.038)
大专及以上	0.172*** (0.047)	0.280*** (0.070)	0.106 (0.064)
在职培训（以无培训为参照）			
一般技能培训	0.018 (0.040)	0.016 (0.072)	0.022 (0.048)
工作相关培训	0.045** (0.019)	0.038 (0.030)	0.049** (0.025)
所有制变换（以始终在个体、私营单位为参照）	0.000	0.000	0.000 (0.000)
从个体、私营性质单位转出	0.014 (0.026)	-0.029 (0.039)	0.035 (0.034)
转入个体、私营性质单位	0.033 (0.026)	0.030 (0.044)	0.036 (0.033)
始终在非个体、私营单位	0.055 (0.034)	0.044 (0.050)	0.047 (0.047)
合同变换（以始终无合同为参照）			
其他形式转为无合同	-0.059 (0.038)	0.026 (0.065)	-0.100** (0.048)
其他形式转为有合同	0.038 (0.025)	0.087** (0.040)	0.011 (0.032)
始终有合同	0.035 (0.024)	0.060 (0.038)	0.022 (0.031)
其他形式转为自我经营	0.344*** (0.028)	0.426*** (0.046)	0.302*** (0.037)
始终自我经营	0.392*** (0.061)	0.411*** (0.087)	0.432*** (0.087)
职业变换（以始终是体力工人为参照）			
转为非体力劳动者	0.112*** (0.022)	0.092*** (0.035)	0.113*** (0.028)
转为体力工人	0.023 (0.030)	0.040 (0.051)	0.014 (0.037)
始终为非体力劳动者	0.165*** (0.032)	0.098** (0.049)	0.211*** (0.043)
行业变换（以没有改变行业为参照）	-0.007 (0.017)	0.008 (0.027)	-0.014 (0.023)
常数项	5.554*** (0.139)	5.645*** (0.221)	5.495*** (0.181)
R^2	0.690	0.673	0.706
调整后的 R^2	0.687	0.664	0.701
N	2951	1119	1832

注：（1）因变量为职业流动后和流动前月平均收入的对数值之差。***、**、*分别表示在1%、5%和10%的水平上显著。

（2）对应每一个回归项，第一列为回归系数，后一列括号中为标准误。

（3）回归中控制了目前所在城市项，但结果未列出。

第五章 农民工职业流动与收入增长

(2) 不同性别的农民工具有显著不同的收入增长速度。与女性农民工相比,男性农民工的收入增长要高15%—18%,表明男性农民工在职业流动和城市流动中获得了更高的回报,流动回报的性别差异在农民工群体中也很显著。

(3) 在流动过程中变换所有制形式和所属行业,对农民工收入增长的影响均不显著。在一定程度上佐证了农民工处于城市次要劳动力市场的现实:在次要劳动力市场上,收入水平取决于工作竞争,个性特征和生产率水平相同的劳动者不会因为所处的行业和所有制性质不同而差异显著。另外也说明,农民工即使进入到国有单位或者垄断行业,也很难像城镇职工那样可以获得较高的收入溢价,即农民工很难享受到体制内待遇和同城居民待遇,因此行业和所有制的不同对于其收入增长的提升几乎没有太大的影响也就很容易理解了。就职业变量来看,由体力工人转换为非体力工人有利于收入增长,这一结果与以往职业层级对收入影响的结论一致。

影响当地型职业流动者和迁移型职业流动者收入增长因素的差异性特征表现在以下几点:

(1) 对于当地型职业流动者来说,表征经验的年龄、当前工作年限、职业年限对其收入增长的正向影响作用不显著。这可能源于在一个城市进行频繁的职业流动会导致经验、专有人力资本的丢失,使得经验的积累效应不明显,相应的技能和人力资本积累也无法获得持续的发展,从而影响其对收入增长的作用;当然更为重要的原因还可能是,当一个地区农民工报酬的市场价格确定之后,因为没有规范长效的职业内收入增长机制作为强有力的保障,容易造成农民工的人力资本回报定格化,导致其所具有的相应经验无法像城镇职工一样获得稳定持续的收入增长报酬。对于迁移型职业流动者来说,以上变量均显著有利于提高其收入增长速度,且与收入增长之间的关系符合常规的"倒U形"特征。可能的原因是,农民工通过变换工作所在城市(地区),进入劳动报酬较高的城市,使得其积累的经验与工作的匹配质量得到相应提高,之前被扭曲的人力资本回报得到部分纠正,从而促使其已获得的经验和人力资本积累对收入增长的应有效应得以显现。这也可能是具有职业流动经历的农民工中大部分为迁移型职业流动的关键原因所在。或者说,该行为是农民工提高人力资本回报率的一种理性行为,是打破农民工人力资本回报在一个城市定格化的一种有效方式，这一行为对于农民工收入增长的提升起着重要的作用。在职培训学习的收入增长效应在一定程度上也佐证了这一点，和无培训相比，工作技能相关培训可显著提高迁移型职业流动者的收入增长，但对于当地职业流动者来说，这种效果不显著。

（2）从受教育程度来看，当地型职业流动者中，其他教育程度农民工的收入增长速度都显著高于小学及以下教育水平农民工的这一水平，且具有大专及以上水平农民工的收入增长速度最高；但对于迁移型职业流动者来讲，除具有高中、中专教育水平农民工的收入增长速度显著高于小学及以下水平农民工的这一水平，其他层次的收入增长速度与具有小学及以下教育水平农民工相比差异并不显著，一定程度上表明教育回报对于迁移型职业流动者来说较为平均。从以上影响二者收入增长的广义人力资本因素的异质性可以看出，样本总体所体现出的广义人力资本对收入增长显著的正向影响作用其实是两种不同流动行为的混合结果。具有较高教育水平的农民工通过当地型职业流动可获得更高的收入增长，而对于迁移型职业流动者来说，拥有经验和专有人力资本是获得更高收入增长的关键因素。

（3）从合同类型看，对于当地型职业流动者来说，与始终无合同的农民工相比，从无合同转变为有合同有利于收入增长；而对迁移型职业流动者来讲，从其他形式转变为无合同显著不利于其收入增长。

二　城市流动的收入增长效应分析

利用本章的收入增长模型（5-3）式，对城市流动是否具有额外的收入增长效应进行了回归分析，结果见表5-6。模型一是加入简单的城市变换与否变量的回归结果，模型二是对城市流动方向进行具体分类后的回归结果。

从模型一的结果看，以未变换过城市的农民工为参照对象，城市变换的系数为正，但并不显著，因此，我们无法判断农民工在职业流动的同时进行城市流动是否具有额外的收入增长效应。当我们区分具体的城市流动方向后发现，与始终在西部城市工作的农民工相比，从中部、东部城市流动到西部城市会使其收入增长情况显著变差，并在10%水平上显著；相反，从西部城市流出、从中部城市流动到东部城市均会显著提升其收入增长，并在1%水平上显著；始终在东部城市工作的农民工的收入增长水平也显著高于始终在西部城市工作的农民工这一水平，并在1%水平上显著。

表5-6　　　　　　　　城市流动的收入增长效应回归结果

变量	模型一	模型二
首份工作月收入对数	-0.881*** (0.012)	-0.911*** (0.013)
城市变换（以未变换过城市为参照）		0.013 (0.018)
城市流动（以始终在西部城市为参照）		
从中、东部城市流动到西部城市		-0.077* (0.042)
从西部城市流出		0.183*** (0.050)
始终在中部城市		-0.050* (0.028)
从中部城市流动到东部城市		0.250*** (0.041)
从东部城市流动到中部城市		0.046 (0.038)
始终在东部城市		0.201*** (0.025)
常数项	5.395*** (0.141)	5.545*** (0.139)
R^2	0.6711	0.6910
调整后的R^2	0.6681	0.6876
N	2951	2951

注：（1）因变量为职业流动后和流动前月平均收入的对数值之差。***、**、*分别表示在1％、5％和10％的水平上显著。

（2）对应每一个回归项，第一列为回归系数，后一列括号中为标准误。

（3）回归项中还控制了性别、婚否、广义人力资本变量和职业流动前后发生改变的工作相关变量。因篇幅所限，结果没有列出。

以上的回归结果表明城市流动行为对于流动就业农民工的收入增长轨迹起着至关重要的作用。据2010年国家统计局发布的农民工调查监测报告数据显示，2008年，在东部地区务工的外出农民工人数占全国外出农民工总人数的71％，2009年这一数据有所下降，但仍为62.5％。[1] 大多数的农民工都愿意流动到东部地区就业，和其背后额外的收入增长效应是分不开的。以上实证结果说明简单的城市流动与否的界定，因将具有不同收入增长效应的城市流动行为混合在了一起，导致得到的结果具有一定的误导性。因此，以往相关研究中只考虑是否变换过城市，所得出的农民工城市流动对其收入增长影响效应结论的准确性有待商榷，而本书在比较分析当地型职业流动者和迁移型职业流动者的收入增长决定因素异质性的基

---

[1] 国家统计局：《2009年农民工监测调查报告》，www.stats.gov.cn，2010年3月19日。

础上，进一步根据具体的城市流动方向来考察城市流动对于流动农民工群体收入增长效应的分析方法更为严谨，研究结果也较为准确。更为重要的是，本章的研究表明，当我们只从转换工作的维度研究农民工的就业流动行为时，无疑会因忽略了伴随其发生的城市流动行为及其收入增长效应而使结果有所偏误。

第四节 本章结论与启示

本章考察了农民工职业流动对其收入增长获得的决定作用，研究发现：

第一，农民工的职业流动行为与转换城市（地区）行为具有高度相伴相生特征：有过职业流动经历的农民工总体中当地型职业流动者占38%，迁移型职业流动者占62%，农民工的职业流动主要以"迁移型职业流动"为主要形式且具有流动频繁的特征。

第二，我们认为农民工职业流动以"迁移型职业流动"为主要形式的重要原因是，当一个城市（地区）农民工劳动报酬的市场价格确定之后，因为没有规范的长期有效的职业内收入增长机制作为强有力的保障，容易造成农民工的人力资本回报定格化。农民工通过变换工作所在城市（地区），进入劳动报酬较高的城市，使其与工作的匹配质量得到相应提高，之前被扭曲的人力资本回报得到部分纠正，从而促使其先前获得的经验和人力资本积累对收入增长的应有效应得以显现。也就是说，迁移型职业流动行为是农民工提高人力资本回报率的一种理性而无奈的行为。农民工在其所处的城市次要劳动力市场的职业流动行为及相应的收入增长效应更符合工作搜寻模型与职业匹配模型对于职业流动与增长关系的理论假说。

第三，不管是当地型职业流动者还是迁移型职业流动者变换所有制性质和行业属性对其收入增长轨迹的影响都不显著。这一结论在一定程度上佐证了农民工处于城市劳动力市场中的次要劳动力市场的现实：首先，在次要劳动力市场上，收入水平取决于工作竞争，个性特征和生产率水平相同的劳动者不会因为所处的行业和所有制性质不同而差异显著；其次，农民工主要集中于个体、私营企业和竞争性行业，很难进入垄断型的国有企事业单位等城市主要劳动力市场，因此收入增长不会有质的改变；最后，农民工即使进入到国有单位或者垄断行业，也很难像城镇职工那样可以获得较高的收入溢价，享受到体制内待遇和同城居民待遇。

第四，简单的城市流动变量即迁移型职业流动无法甄别其对流动就业农民工所具有的额外收入增长效应，区分不同方向的城市流动后发现该行为对流动就业农民工的收入增长起着重要的作用。

通过研究，我们认为农民工频繁的职业流动行为和高度伴随发生的城市流动行为并不是农民工盲目的表现；相反，农民工的流动特征恰恰反映了农民工为争取高收入水平的理性行为。因此，在研究如何实现农民工稳定就业、适度流动及本地化就业的可行路径时，不仅要关注影响农民工工作稳定的因素，更应该考虑影响其城市就业稳定的因素。怎样使城市更具有吸引力，让农民工在城市真正安家置业，这也是影响城镇化建设重要的"人的城镇化"的因素。因此，提高农民工的人力资本积累，加强对农民工的在职培训力度，强化对《劳动合同法》的执行和监督力度非常重要。而针对农民工逐步建立和完善长期有效的职业内收入增长机制，并纳入城镇居民收入增长体系中，使其经验积累得到同等的有效回报，努力实现同城待遇，更有助于农民工城市就业的稳定。

从本章的研究结论中我们也得到了一些启发：虽然职业流动和城市流动作为一种人力资本积累的方式，对于农民工工资性收入增长起到了显著的促进作用，也提升了农民工与工作及工作城市的匹配质量，但是反观这种过于频繁的"候鸟式"流动模式，结合其制度性的身份，我们认为农民工理性流动的背后，有其无奈的"用脚投票"的色彩。当在社会保障水平、福利待遇等非货币性收入以及职业内收入增长机制方面都很难实现市民同等待遇时，农民工只有通过频繁的流动来换取即期工资收入的最大化。但是从农民工城市融入的长期目标及新型城镇化建设角度来看，这种行为具有"短视化"的特征，既不利于农民工的可持续发展，也不利于城镇化建设目标的早日实现。因此消除由户籍制度造成的城市二元结构、提高农民工的就业质量，确保其与城镇居民平等的劳动权利，早日实现社会保障制度的普遍覆盖与平等待遇是保证农民工与城市发展"双赢"的重要举措。

附 录

本书所借鉴的 Holmlund（1984）以及 Keith 和 McWilliams（1997）的收入增长模型的具体推导过程如下：

$$\log W_{i,t} = \beta_t X_{i,t} + \varepsilon_{i,t} \tag{5-1}$$

$$\log W_{i,t+3} = \beta_{t+3} X_{i,t+3} + \varepsilon_{i,t+3} \tag{5-2}$$

此处，以三年为周期来查看样本分别在 t 期和 $t+3$ 期的收入水平，$\varepsilon_{i,t}$ 和 $\varepsilon_{i,t+3}$ 是随机误差项，且符合：

$E(\varepsilon_{i,t}) = 0$，$E(\varepsilon_{i,t+3}) = 0$，$V(\varepsilon_{i,t}) = \sigma_1^2$，$V(\varepsilon_{i,t+3}) = \sigma_2^2$，$E(\varepsilon_{i,t}, \varepsilon_{i,t+3}) = 0$

由（5-2）式减去（5-1）式便可得到（5-3）式。

$$\log W_{i,t+3} - \log W_{i,t} = \Delta \log W_i = \beta_{t+3} X_{i,t+3} + \varepsilon_{i,t+3} - \beta_t X_{i,t} - \varepsilon_{i,t} \tag{5-3}$$

然后，在（5-3）式的右边加减 $\beta_{t+3} X_{i,t}$ 项，便可得到（5-4）式。根据 Holmlund（1984）的研究，假定 β_{t+3} 和 β_t 存在线性关系，δ 是一个比例系数，如果 δ 等于零，那么 X 的系数值将不随时间而改变，即 $\beta_{t+3} = \beta_t$，如果 δ 为正值，那么 X 系数值将随时间而增加，即 $\beta_{t+3} > \beta_t$；反之，如果 δ 为负，则意味着 X 的系数值随着时间的推进而递减，即 $\beta_{t+3} < \beta_t$。

$$\Delta \log W_i = \beta_{t+3} \Delta X_i + (\beta_{t+3} - \beta_t) X_{i,t} + \varepsilon_{i,t+3} - \varepsilon_{i,t} \tag{5-4}$$

$$\beta_{t+3} = \beta_t + \delta \beta_t \tag{5-5}$$

变换（5-5）式为 $\beta_{t+3} - \beta_t = \delta \beta_t$，并替换，则得到（5-6）式。

$$\Delta \log W_i = \beta_{t+3} \Delta X_i + \delta \beta_t X_{i,t} + \varepsilon_{i,t+3} - \varepsilon_{i,t} \tag{5-6}$$

$$\log W_{i,t} - \varepsilon_{i,t} = \beta_t X_{i,t} \tag{5-7}$$

（5-7）式由（5-1）式变换得出，两边同乘以 δ，由（5-6）式减去（5-7）式，则得到（5-8）式。假定 $e_i^* = \varepsilon_{i,t+3} - (1+\delta) \varepsilon_{i,t}$，则我们可以得到收入增长公式（5-9）式，如果 δ 为零，则该式与标准的收入增长公式相同；如果 δ 不等于零，根据 $\Delta \log W_i = \log W_{i,t+3} - \log W_{i,t}$，代入（5-9）式，则得到（5-10）式，该式便是标准的收入增长模型。

$$\Delta \log W_i = \beta_{t+3} \Delta X_i + \delta \log W_{i,t} + \varepsilon_{i,t+3} - (1+\delta) \varepsilon_{i,t} \tag{5-8}$$

$$\Delta \log W_i = \delta \log W_{i,t} + \beta_{t+3} \Delta X_i + e_i^* \tag{5-9}$$

$$\log W_{i,t+3} = (1+\delta) \log W_{i,t} + \beta_{t+3} \Delta X_i + e_i^* \tag{5-10}$$

第六章 农民工职业流动与收入效应的性别差异[①]

在第五章中,我们从农民工所表现出的总体职业流动特征出发研究了职业流动及伴随其发生的城市流动行为对流动农民工群体收入增长的决定作用,从中我们发现职业流动是农民工提高其收入增长水平的一个重要渠道,也是提升其人力资本回报的理性行为,这为我们理解现实中"候鸟式迁移"的农民工在转换工作时常常也变换城市的行为提供了经济学意义上的解释。但是到目前为止,我们还没有涉及具体的不同类型职业流动的收入效应问题以及职业流动是否会导致农民工群体的收入不平等,尤其对于不同性别的农民工来说,职业流动特征及其收入效应是否存在显著的性别差异。对这些问题的分析和回答是本章要深入探讨的主题。本章考虑具体的职业流动形式及背后动机,对职业流动类型进行合理区分,并采用多层模型回归分析与比较,以保证不同性别、不同类型职业流动的收入效应得到更为准确的估算。

本章具体的结构安排如下:第一节为问题的提出与初步分析及说明;第二节为数据来源、模型构建与统计描述;第三节为职业流动收入效应的性别差异实证分析;第四节为本章结论与启示。

第一节 问题的提出与初步分析及说明

一 问题的提出

据国家统计局数据显示,每年我国农民工人数都比前一年有所增加,

[①] 本章的核心内容已经发表在《经济学家》2013年第6期。文章标题为"农民工职业流动类型与收入效应的性别差异分析"。

2011年全国农民工总量达到25278万人,其中男性农民工占65.9%,女性占34.1%。① 对于占农民工1/3强的女性农民工来说,是否与男性农民工具有相同的职业流动倾向和特点?相同的职业流动行为,不同性别的农民工是否具有相同的收入效应?如果存在差异,原因是什么?

一般意义上讲,女性因为生育责任和需要照看孩子等原因较男性更易间歇性地离开劳动力市场,造成女性比男性拥有较少的工作经验(Kunze A., 2000)。但家庭因素似乎并不会影响男性的工作,甚至已婚和有孩子在某种程度上是男性负责任的表现(Sylvia Fuller, 2008)。因此雇主对于员工职业流动行为的理解可能部分地依赖于性别的社会属性:女性一贯被认为更适合家庭劳动,因此其职业流动更可能会被理解为是在工作上不能尽职尽责或者是因为不能胜任工作而离开劳动力市场;但相同的职业流动行为如果发生在男性身上则可能会被理解为是为搜寻更好的工作和更高的工资,这样职业流动的收入回报可能存在性别歧视。这说明对于不同性别劳动者职业流动行为的收入效应分析,只有在考察劳动者职业流动形式与动机的基础上,合理区分职业流动类型才能获得有关性别差异的准确信息。而对女性农民工而言,在外出务工及职业流动的过程中,因自身、家庭和社会环境和社会制度等各种因素的制约,除了必须面对农民工整体都要遭遇的城市融入共性问题外,另外还可能会遭遇性别歧视。改革开放30多年后,这一问题是否有所改观?这是需要进一步研究和探讨的领域。本章从职业流动类型与性别差异两个方面着手对农民工的流动性及经济后果进行更细致的研究。

本章使用2008年在中国具有代表性的15个城市实施进行的全国住户收入调查数据(CHIP)中的城市移民数据,在最大限度利用数据提供的有关农民工职业流动原始信息的基础上,通过多层回归分析考察农民工不同类型职业流动及其收入效应的性别差异问题,并通过分析影响农民工在职搜寻工作的因素进一步探讨二者流动动机的性别差异,为更好地实现农民工适度流动和稳定就业目标及城镇化建设提供新的佐证。

二 初步分析及说明

本章所指的农民工的职业流动仍与第一章中所界定的职业流动一致,是指变换工作或者雇主的行为。在分析农民工职业流动的性别差异特征

---

① 国家统计局:《2011年我国农民工调查监测报告》,www.stats.gov.cn,2012年4月27日。

时，根据第二章中有关职业流动的划分依据，我们首先根据调查数据提供的农民工进入城市从事非农工作后的首份工作是不是接受调查时所从事的同一份工作，将农民工区分为停留者和流动者。其次，我们可以根据结束首份工作的形式是主动不干了还是被迫离开将流动者进一步区分为主动形式的职业流动和被动形式的职业流动两大类。本章所使用的数据对于流动者离开首份工作的原因有非常详尽的描述，因此，根据农民工离开工作的不同动机和具体原因进行客观分类，我们将主动流动区分为工作原因的主动流动和家庭原因的主动流动两类；将被动流动区分为单位原因的被动流动和个人原因的被动流动两类。其中因为收入太低、工作不稳定、条件差、劳动强度大、社会福利差等原因选择主动离开的归为工作原因的主动流动；因为要照顾家人、生孩子、家里有事、回老家务农、回老家结婚等原因主动离开的归为家庭原因的主动流动；因单位停产、半停产、企业破产、单位被兼并、项目结束等客观原因引发的被迫离开归为单位客观原因的被动流动；因为个人因素被单位开除、裁员等的被动流动归为个人原因的被动流动。

一般来讲，劳动者个体的职业流动行为是基于不同的动机或原因的，因此，不同类型的职业流动便会带来不同的经济后果。对于自愿主动的职业流动者来说，变换工作是因为改变工作的预期收益大于预期成本，这在很大程度上可能是因为流动者成功地进行了在职搜寻工作（on-the-job search）的结果（Bartel & Borjas, 1981），因为在职搜寻工作有助于劳动者了解自身的比较优势（Johnson, 1978），发现更好的匹配质量（Jovanovic, 1979a, 1979b），从而提高找到更好工作的概率；但基于不同动机或原因的主动职业流动可能具有不同的在职搜寻行为，在实证研究中如果将收入与笼统的主动流动进行回归得到的结果其实很难反映二者的真实关系。解决这一问题比较有效的办法是将主动流动区分为工作原因流动和家庭原因（非工作原因）流动两种类型。这也是本章将主动流动区分为这两种类型的原因所在：工作原因的主动流动更可能会伴随着较充分的在职搜寻工作或者提前搜寻工作行为，因此具有更高的收入效应。理由是如果劳动者对目前的工作不满意，考虑改变工作，并改善目前的状况，那么变换工作前他很可能主动进行在职工作搜寻并与当前工作进行客观比较。这意味着在职搜寻工作的效应将会大于特定人力资本丢失的效应，即工作原因的辞职和后续的收入之间应该存在较强的正相关关系。而家庭原因的主动流动可能不会像前者那样带来同样高的收入效应。原因是家庭因素导致的主动流动更可能是突然发生的情形，比如家人生病、家中有事等。因此这类流动更有可能伴随较少的在职搜寻工作行为，同时也会引起较高概率的工作间断情形。结果可能是特定人力资本丢失带来的效应大于后来工作搜寻的效应，从而导致较少的收入增加。更重要的是家庭因素对于男性和女性的不同影响可能导致该类职业流动的收入回报具有较大的性别差异。因此将主动流动区分为工作原因和家庭原因两种类型将为我们分析男性和女性农民工的差异带来额外的有用信息。

被动流动是由雇主发起的，因而独立于劳动者的意志，与主动的职业流动行为相比，可能具有更少的机会进行在职搜寻，而失业概率增加，因此，这类流动往往不利于劳动者后续收入的提高。将被动流动区分为单位原因的被动流动和个人因素的被动流动的依据是：前者是由于外在的客观原因或者个体不可控制的因素导致，而后者则是因为个人可控的主观原因导致。因为单位原因的被动流动在流动前劳动者会得到较多的关于单位将破产等相关消息，会逼迫劳动者进行相应的在职搜寻行为（Mincer，1986），因此会比个人原因的被动流动具有较多的在职搜寻工作行为；另外如果因为个人原因被辞退在劳动力市场上给下一个用人单位传递的信号是该员工没有能力或者行为不端，那么被辞退所具有的声誉效应也会使其与单位原因引发的被动流动之间的收入效应存在差别（Parsons，1989）。从理论层面讲，个人原因的被动流动将会遭受更大的收入损失。

以上有关主动、被动职业流动以及详细区分的四类职业流动的收入效应及性别差异的假说是否与我国农民工所处的劳动力市场状况吻合，有待于实证的检验。

表6-1是在未删除收入信息不全样本的情况下，根据本书所用数据统计的男性农民工和女性农民工各职业流动类型失业情况的比较结果。在这里将经历失业与否作为判断劳动者是否进行了在职搜寻工作行为的替代变量，这样做的理论假设是如果进行了在职搜寻，则经历失业的概率可能就会较低。我们发现，主动流动者的失业情况好于被动流动者的情况，也就是说，主动流动者比被动流动者更有可能进行了较多的在职搜寻工作行为。进一步的分析表明，男性和女性农民工的工作原因主动流动者均明显比其他类型的流动者进行了较多的在职搜寻工作行为，且基本无性别差异；但女性农民工中家庭原因主动流动者的失业比例为32%，男性农民

工的这一比例为27%，差异较大，表明家庭原因主动流动的女性农民工的在职搜寻工作比例显著低于同类男性的这一比例；同时男性农民工中单位原因被动流动者经历的失业比例高于其他三类的流动者，且该流动类型的人数较多，表明工作单位对男性的影响更大。

表6-1　　　男性和女性农民工失业情况比较（流动者）

变量	男性农民工 失业		男性农民工 没有失业		女性农民工 失业		女性农民工 没有失业	
主动流动	22.63%	485	77.37%	1658	22.02%	323	77.98%	1144
被动流动	27.35%	61	72.65%	162	29.79%	28	70.21%	66
工作原因主动流动	22.39%	452	77.61%	1567	21.08%	282	78.92%	1056
家庭原因主动流动	26.61%	33	73.39%	91	31.78%	41	68.22%	88
单位原因被动流动	27.50%	44	72.50%	116	25.71%	18	74.29%	52
个人原因被动流动	26.98%	17	73.02%	46	41.67%	10	58.33%	14

注：（1）表中数字是在未删除收入信息不全样本的情况下，根据数据计算的各种流动者的失业情况。

（2）每一指标下对应有两列，前一列为失业或者没有失业的比例，后一列则为对应的具体人数。

表6-1的结果与前面的理论分析基本吻合，同时也表征了农民工流动中的性别差异，表明本书有关职业流动类型划分的客观性和必要性。

第二节　数据来源、模型构建与统计描述

一　数据来源、模型构建

为保证结论的可比性和准确性，本章仍然使用第五章所用数据。该数据是北京师范大学与澳大利亚国立大学联合课题组在2008年执行的中国住户收入调查数据（CHIP）的城市移民（农民工）部分。农民工被定义为在城镇居住了6个月以上的农村户籍人员。问卷由中外专家设计，国家统计局城调队统一收集数据。数据涵盖了我国15个具有代表性的城市，它们分别为：广州、东莞、深圳、杭州、宁波、南京、无锡、合肥、蚌埠、武汉、郑州、洛阳、重庆、成都、上海。调查样本包括5000个农民工住户样本，8287个农民工，其中女性农民工为3586个，男性农民工为

4701个。该数据收集了受访者的个体特征、工作特征、所在行业性质、合同类型等方面的丰富信息,并对农民工进城镇就业以来所从事的第一份工作的具体情况及离开该工作的原因进行了非常详尽的调查,由此我们获得了农民工进城工作后进行第一次职业流动的较客观而准确的信息。我们将研究范围限定在年龄为16—60岁在业和有收入来源的农民工,并依次剔除那些遗漏个人特征、就业和收入信息的样本,并对周工作时间和月平均收入水平的极端值和异常值进行进一步剔除后,最后可用样本为6371个,其中男性农民工样本为3893个,女性农民工样本为2478个。

根据上文分析,本章以农民工小时工资收入的对数为因变量,以四种类型职业流动虚拟变量为自变量,考虑农民工个人禀赋特征变量,并控制工作特征和地区变量,分别构建男性农民工和女性农民工不同类型职业流动收入效应的计量模型:

$$\ln(hw_i) = \alpha X_i + \sum_{j=0}^{4} \theta_i jobm_{ij} + \gamma \lambda_i + \varepsilon_i \qquad (6-1)$$

在(6-1)式中,$\ln(hw_i)$为因变量,代表农民工个体i当前工作的小时收入对数值,① $jobm_{ij}$是职业流动虚拟自变量,② $j=0,1,2,3,4$,分别代表停留者(没有变换工作者)、工作原因主动流动、家庭原因主动流动、单位原因被动流动、个人原因被动流动,并以停留者为参照对象。虽然本书感兴趣的是以上不同类型职业流动及其收入效应的性别差异,但为了验证不同类型职业流动的划分是否会给我们分析农民工的职业流动及其收入效应的性别差异提供额外的有用信息,我们以停留者为参照对象,先估计了两个没有详细区分职业流动类型的模型:模型一,方程中只包含笼统的单一流动者变量;模型二,方程中包含主动流动和被动流动两类;最后,将流动者划分为上述的四种类型再进行回归。通过对以上三个模型的多层逐步回归,期望对农民工不同类型职业流动及其收入效应的性别差异给予更准确的分析与比较。

X是影响农民工收入水平的一系列控制变量。包含个人禀赋、工作特

---

① 小时收入的计算根据受调查农民工回答的当前"一般平均每月得到的收入"/("平均每周工作小时数"×4)计算而得。这里的收入指的是总收入,包括工资、奖金、津贴及实物折现。自我经营者则为净收入。

② 衡量职业流动的收入效应问题时,往往会碰到职业流动与收入之间的内生性问题,本书选取农民工进入城市从事第一份非农工作的职业流动情况作为自变量,考察其对接受调查时的当前收入(因变量)的影响效应,从而避免了互为因果的可能性,较好地解决了内生性问题。

征及地区三类变量，该三类变量均为农民工接受调查时的当前情况。个人禀赋变量包含性别、年龄、当前工作年限、受教育年限、在职培训等代表广义人力资本内涵的变量；考虑婚姻状况和是否有孩子两个代表家庭因素的变量对不同性别的影响可能不相同，也包含在个人禀赋变量中，并分别以未婚和没有孩子作为参照对象；工作特征变量包括目前所从事工作的合同类型、职业、单位规模、单位所有制性质、所处行业等；地区变量按接受调查时农民工工作地划分为西部城市（成都、重庆）、中部城市（郑州、洛阳、合肥、蚌埠、武汉）及东部城市（广州、东莞、深圳、杭州、宁波、南京、无锡、上海），并以西部城市作为参照对象。λ 为样本选择纠正项，α、θ、γ 为待估参数，ε 为随机扰动项。

对于职业流动的收入效应分析，通常会碰到样本选择问题，农民工在职业流动的过程中，势必会伴随不同程度的失业问题，因此和停留者相比，流动者更有可能因为失业而观察不到其工资收入，这样在计算职业流动的收入效应时，所选取的样本便存在非随机问题，导致职业流动的收入效应出现估计偏差。本书通过 Probit 模型分析失业的影响因素，计算出相应的 λ 纠正因子并引入工资决定方程中来解决这一问题，获取 λ 样本选择纠正项的相应 Probit 模型为：

$$I_i^* = Z_i \xi + \varepsilon_i \tag{6-2}$$

$$P_i = P(I = 1 \mid \xi) = P(I^* > 0 \mid \xi) = F(Z_i \xi) \tag{6-3}$$

当 $I^* > 0$，则 $I = 1$，表示该个体经历了失业；当 $I^* \leq 0$，则 $I = 0$，表示该个体没有经历失业。由此计算出样本选择纠正项 λ：

$$\lambda_{\text{unemp}} = \frac{\phi(Z_i \xi)}{\Phi(Z_i \xi)}, \quad \lambda_{\text{emp}} = \frac{\phi(Z_i \xi)}{1 - \Phi(Z_i \xi)} \tag{6-4}$$

影响失业的自变量包括年龄、年龄的平方、婚否、是否有孩子、教育年限、在职培训、从事该职业的年限及平方、本地农民工、单位规模、合同类型、行业、地区变量以及四个职业流动变量（工作原因的主动流动、家庭原因的主动流动、单位原因的被动流动和个人原因的被动流动）。在职业流动收入效应的实证回归分析中，我们发现加入 λ 的回归结果与 OLS 的回归结果差异不大，[1] 各种类型职业流动收入效应的 OLS 的回归结果见

---

[1] 对于女性农民工来说，经过样本纠正的回归结果与 OLS 回归结果相比，后者主动流动的系数显著，而前者的该项系数不显著，表明女性更容易因为职业流动而失业，因此有必要对其存在的样本选择问题进行纠正。

附表6-1、附表6-2。失业影响因素的Probit回归结果见附表6-3。

为进一步剖析男性农民工和女性农民工职业流动行为的差异，本书根据数据所提供的"目前是否在积极寻找另外工作"的相关信息，应用Logit模型对影响不同性别农民工个体在职搜寻工作的诸因素进行深入分析，并对以往四种类型职业流动与目前在职搜寻工作行为之间的关系进行拓展性的讨论。计量模型如下：

$$P_i = E(Y_i = 1/X) = \frac{1}{1 + e^{-(\beta_0 + \beta_1 X_i)}} = \frac{1}{1 + e^{-Y_i}} \quad (6-5)$$

则：

$$logit P_i = \ln\left(\frac{p_i}{1 - p_i}\right) = Y_i \quad (6-6)$$

(6-6)式中，P_i代表农民工i在职搜寻工作的概率。这里Y是可以取1或0的随机变量，$Y=1$，表示个体目前在积极寻找其他工作，$Y=0$，则表示个体没有寻找其他工作。(6-5)式中X_i表示影响在职搜寻工作的一系列自变量向量，β是待估系数。模型中影响农民工在职搜寻工作的因素主要考虑农民工个体禀赋、当前所从事工作的相关特征、目前小时工资收入水平及社会保障状况。农民工的个体禀赋特征包括年龄、教育年限、在职培训、婚否、是不是本地农民工等变量；目前所从事工作的相关特征变量包括职业、合同类型、单位规模、所处行业和所有制性质等；社会保障状况主要考虑了农民工是否参加了某种形式的医疗保险和工伤保险。本书也控制了地区变量。为了评估以往职业流动行为与目前在职搜寻工作行为间的关系，在以上因素的基础上再加上职业流动虚拟变量进行回归。

二 样本概况与统计描述

表6-2给出了样本的主要信息。统计结果显示女性农民工的小时收入水平显著低于男性农民工的这一水平，前者只占后者的83.3%。从在职搜寻工作比例的均值看，女性比男性高2%，而男性的失业比例则高于女性。从广义的人力资本角度看，女性农民工更为年轻，受教育年限、当前工作年限均少于男性农民工。观察在职培训变量后发现，男性接受的无论是一般技能培训还是与工作相关的专门培训都显著高于女性，前者分别比后者高出65.65%、31.62%，但从整体来看，农民工未接受过任何培训的仍占绝大多数，说明农民工人力资本积累的匮乏；从行业变量来看，男性农民工和女性农民工具有显著不同的行业倾向性：女性农民工绝大部

分集中于商业领域，约占其总人数的54%，男性农民工从事该行业的有39%；有15%的男性从事建筑业，女性在这一行业的比例只有4%。尽管男性农民工从事行业较为分散，但总体来说，农民工还是集中于进入门槛较低的行业，并且绝大多数集中在个体和私营性质的单位中。

表6-2　　　　　　　　　　　样本概况

变量	男性	女性	变量	男性	女性
小时工资收入（元）	7.265	6.051	合同类型		
在职搜寻工作	0.242	0.261	无合同的临时工	26.21%	29.63%
失业经历	0.149	0.125	短期合同工	8.80%	9.83%
年龄（年）	31.432	29.771	固定工、长期合同工	41.07%	37.97%
当前工作年限（年）	4.059	3.324	自我经营	23.92%	22.57%
受教育年限（年）	9.222	8.977	行业		
在职培训学习			商业	38.57%	53.75%
无培训	71.10%	78.72%	制造业	19.83%	19.48%
一般技能培训	4.34%	2.62%	建筑业	14.71%	3.83%
工作相关培训	24.56%	18.66%	社会服务业	9.73%	11.90%
婚姻			其他行业	17.15%	11.05%
未婚	39.50%	38.45%	单位所有制		
已婚	60.50%	61.55%	个体、私营单位	78.66%	80.52%
孩子			集体企业	4.83%	4.07%
没有孩子	42.81%	42.28%	外资企业	4.90%	6.05%
有孩子	57.19%	57.72%	国有企业、事业机关	11.09%	8.59%
职业			其他企业	0.51%	0.77%
体力工人	64.48%	69.61%	所在城市		
低技能、一般工作人员	18.92%	14.15%	西部城市	15.45%	18.30%
专业技术人员、管理人员	2.03%	2.54%	中部城市	31.44%	25.19%
个体户、自我经营	14.58%	13.70%	东部城市	53.11%	56.51%
户口所在地			参加医疗保险	60.22%	53.79%
本县市农民工	18.28%	19.63%	参加工伤保险	19.29%	15.17%
外地农民工	81.72%	80.37%			

表6-3给出了男性农民工和女性农民工职业流动类型与相应的小时

收入水平相关信息。结果显示农民工整体具有较高的流动性，58%的男性农民工和52%的女性农民工进城从事非农工作后的第一份工作不是当前所从事的工作，男性表现出了更高的流动倾向。将流动者初步区分为主动流动和被动流动后发现，女性流动者报告了更高的主动流动比例，为94%，男性农民工的这一比例为91%；男性农民工的被动流动比例则大于女性。进一步将职业流动区分为四种类型后发现，不管男性还是女性，流动者中绝大多数为工作原因的主动流动，这一比例分别为85%和87%。男性农民工约有5%为家庭原因的主动流动，7%为单位原因的被动流动；女性农民工这一比例则分别为7%和4%。虽然这两类职业流动比例较小，但显然女性农民工更易因为家庭原因而辞职，男性则更易因为单位原因而被迫离开。从小时收入水平看，因工作原因主动流动的男性农民工的收入水平最高，家庭原因主动流动的女性农民工的收入水平则最低；令人诧异的是，无论男性还是女性，因个人原因被动流动的个体的小时收入水平并不是最低的。这和本书第二篇中的理论假设不相符，可能和农民工所处的劳动力市场上供需双方信息不对称与获取劳动者相关信息的可获得性有关。

表 6-3 男性农民工和女性农民工职业流动类型与小时收入水平比较 单位：元

变量	男性农民工 比例	男性农民工 小时收入（标准差）	女性农民工 比例	女性农民工 小时收入（标准差）
停留者	42.02%	7.274 (5.069)	47.68%	6.052 (3.783)
流动者	57.98%	7.259 (5.782)	52.32%	6.051 (4.699)
主动流动	90.66%	7.393 (5.948)	93.99%	6.064 (4.598)
被动流动	9.34%	5.957 (3.573)	6.01%	5.845 (6.093)
工作原因主动流动	85.39%	7.412 (6.047)	86.67%	6.128 (4.706)
家庭原因主动流动	5.27%	7.129 (4.039)	7.32%	5.302 (2.965)
单位原因被动流动	6.69%	5.562 (3.110)	4.16%	5.830 (6.976)
个人原因被动流动	2.66%	6.593 (4.409)	1.85%	5.877 (3.483)

由样本信息我们发现，男性农民工和女性农民工具有不同的职业流动倾向和特征，但差异并不是很大，那么劳动力市场如何理解男性农民工和

女性农民工相同类型的职业流动行为呢?经济后果及反映的社会现实又是如何?单从统计描述中很难获得详尽的结果,接下来的部分我们将利用计量方法进行详细的分析。

第三节 职业流动收入效应的性别差异实证分析

一 职业流动收入效应的性别差异多层模型分析

男性农民工和女性农民工不同类型职业流动收入效应的多层模型回归分析结果如表6-4、表6-5所示。表中模型一为只包含单一笼统的流动者变量的回归结果,模型二为包含主动流动和被动流动两个职业流动变量的回归结果,模型三为包含四种具体职业流动类型的回归结果。

表6-4 男性农民工职业流动收入效应的多层模型回归结果

变量	模型一 系数	模型一 标准误	模型二 系数	模型二 标准误	模型三 系数	模型三 标准误
流动者(以停留者为参照)	0.049***	(0.018)	—	—	—	—
主动流动	—	—	0.060***	(0.019)	—	—
被动流动	—	—	-0.064*	(0.039)	—	—
工作原因主动流动	—	—	—	—	0.059***	(0.019)
家庭原因主动流动	—	—	—	—	0.087*	(0.050)
单位原因被动流动	—	—	—	—	-0.099**	(0.045)
自身原因被动流动	—	—	—	—	0.025	(0.069)
年龄	0.052***	(0.007)	0.052***	(0.007)	0.052***	(0.007)
年龄的平方	-0.001***	(0.000)	-0.001***	(0.000)	-0.001***	(0.000)
当前工作年限	0.037***	(0.005)	0.036***	(0.005)	0.036***	(0.005)
当前工作年限的平方	-0.001***	(0.000)	-0.001***	(0.000)	-0.001***	(0.000)
受教育年限	0.038***	(0.004)	0.038***	(0.004)	0.037***	(0.004)
在职培训学习(以无培训为参照)						
一般技能培训	0.070*	(0.041)	0.068	(0.041)	0.065	(0.042)
工作相关培训	0.050**	(0.021)	0.052**	(0.021)	0.052**	(0.021)
已婚	0.080**	(0.038)	0.077**	(0.038)	0.079**	(0.038)
孩子(以没有孩子为参照)	-0.081**	(0.040)	-0.079**	(0.040)	-0.081**	(0.040)

续表

变量	模型一 系数	模型一 标准误	模型二 系数	模型二 标准误	模型三 系数	模型三 标准误
职业（以体力工人为参照）						
低技能、一般工作人员	0.090***	(0.024)	0.090***	(0.024)	0.089***	(0.024)
专业技术、管理人员	0.282***	(0.060)	0.281***	(0.060)	0.281***	(0.060)
个体户、私营老板	0.144***	(0.036)	0.140***	(0.036)	0.141***	(0.036)
所有制性质（以私营、个体为参照）						
集体企业	0.198***	(0.040)	0.199***	(0.040)	0.199***	(0.040)
外资企业	0.117***	(0.043)	0.116***	(0.043)	0.115***	(0.043)
国有企业、机关事业单位	0.073***	(0.028)	0.071**	(0.028)	0.069**	(0.028)
其他企业	0.212*	(0.117)	0.216*	(0.117)	0.220*	(0.117)
行业（以商业为参照）						
制造业	0.071**	(0.028)	0.071**	(0.028)	0.071**	(0.028)
建筑业	0.237***	(0.029)	0.239***	(0.029)	0.240***	(0.029)
社会服务业	−0.052*	(0.031)	−0.053*	(0.031)	−0.053*	(0.031)
其他行业	0.034	(0.026)	0.033	(0.026)	0.033	(0.026)
λ	−0.023	(0.016)	−0.022	(0.016)	−0.023	(0.016)
常数项	0.071	(0.117)	0.068	(0.116)	0.071	(0.117)
R^2	0.219		0.221		0.222	
样本数	3893		3893		3893	

注：(1) 因变量为小时收入的对数。***、**、* 分别表示在1%、5%和10%的水平上显著。

(2) 回归中还控制了具体的合同类型、单位规模和所在城市等变量，因篇幅所限，结果没有列出。

表6−5　女性农民工职业流动收入效应的多层模型回归结果

变量	模型一 系数	模型一 标准误	模型二 系数	模型二 标准误	模型三 系数	模型三 标准误
流动者（以停留者为参照）	0.029	(0.020)	—	—	—	—
主动流动	—	—	0.031	(0.020)	—	—
被动流动	—	—	0.002	(0.055)	—	—
工作原因主动流动	—	—	—	—	0.035*	(0.021)
家庭原因主动流动	—	—	—	—	−0.018	(0.051)
单位原因被动流动	—	—	—	—	−0.026	(0.065)
自身原因被动流动	—	—	—	—	0.065	(0.097)

续表

变量	模型一 系数	模型一 标准误	模型二 系数	模型二 标准误	模型三 系数	模型三 标准误
年龄	0.036***	(0.009)	0.036***	(0.009)	0.036***	(0.009)
年龄的平方	-0.001***	(0.000)	-0.001***	(0.000)	-0.001***	(0.000)
当前工作年限	0.046***	(0.007)	0.046***	(0.007)	0.046***	(0.007)
当前工作年限的平方	-0.002***	(0.000)	-0.002***	(0.000)	-0.002***	(0.000)
受教育年限	0.041***	(0.004)	0.041***	(0.004)	0.041***	(0.004)
在职培训学习（以无培训为参照）						
一般技能培训	0.073	(0.059)	0.073	(0.059)	0.074	(0.059)
工作相关培训	0.063**	(0.026)	0.063**	(0.026)	0.063**	(0.026)
已婚	-0.008	(0.041)	-0.009	(0.041)	-0.009	(0.041)
孩子（以没有孩子为参照）	-0.077*	(0.044)	-0.077*	(0.044)	-0.076*	(0.044)
职业（以体力工人为参照）						
低技能、一般工作人员	0.037	(0.030)	0.037	(0.030)	0.037	(0.030)
专业技术、管理人员	0.262***	(0.062)	0.263***	(0.062)	0.262***	(0.062)
个体户、私营老板	0.112***	(0.041)	0.111***	(0.041)	0.111***	(0.041)
所有制性质（以私营、个体为参照）						
集体企业	0.085*	(0.048)	0.084*	(0.048)	0.086*	(0.048)
外资企业	0.100**	(0.046)	0.100**	(0.046)	0.099**	(0.046)
国有企业、机关事业单位	0.016	(0.036)	0.016	(0.036)	0.016	(0.036)
其他企业	-0.030	(0.108)	-0.030	(0.108)	-0.030	(0.108)
行业（以商业为参照）						
制造业	0.045	(0.031)	0.045	(0.031)	0.044	(0.031)
建筑业	0.187***	(0.051)	0.188***	(0.051)	0.189***	(0.051)
社会服务业	0.094***	(0.033)	0.094***	(0.033)	0.093***	(0.033)
其他行业	-0.032	(0.033)	-0.031	(0.033)	-0.030	(0.033)
λ	-0.002	(0.019)	-0.001	(0.019)	-0.001	(0.019)
常数项	0.223	(0.141)	0.223	(0.141)	0.223	(0.142)
R^2	0.286		0.286		0.287	
样本数	2478		2478		2478	

注：（1）因变量为小时收入的对数。***、**、*分别表示在1%、5%和10%的水平上显著。

（2）回归中还控制了具体的合同类型、单位规模和所在城市等变量，因篇幅所限，结果没有列出。

由模型一的回归结果可知，相较于停留者而言，流动可显著提高男性农民工的后续收入水平，但对女性农民工后续收入水平的影响不显著。这个结果是否准确呢？从模型二的回归结果可知，与停留者相比，主动流动显著提升了男性农民工的后续收入水平，并在1%显著水平上显著；被动流动则显著降低了其后续收入水平；但对女性农民工来说，两种影响均不显著。很明显，对男性农民工来说，模型一的结论是由具有不同收入效应的主被动流动混合后所得的模糊结果，且该结果偏误很大，这从模型二中主被动流动变量前的系数值完全相反且系数更得到了确切的验证。由模型二的结果，我们也发现男性和女性的主被动流动的收入效应存在显著差异，但仅有模型二的结果我们仍不清楚以上差异的具体来源是什么？同时我们也无法得知主被动流动对于女性农民工收入影响不显著的详细原因是什么？

模型三的回归结果给我们提供了额外的有关性别差异的信息：首先，回归结果验证了我们的判断：不同类型的职业流动具有不同的收入效应；相同的职业流动行为，不同性别的农民工经历了差异显著的收入回报，如果不加以区分便进行笼统的回归，得到的有关职业流动与收入相关关系的实证结果将会出现较大偏误，而与事实不符。

其次，我们看到了男性农民工和女性农民工具体的职业流动行为的收入效应所存在的明显差异和来源：对男性农民工来说，不管是何种形式的主动流动均对其后续收入有显著的提升作用；而对于女性农民工来说，只有工作原因的主动流动可显著提升其后续收入；家庭原因的主动流动反而会降低其后续收入。二者收入效应的相互抵消是导致女性主动的职业流动回报较低且不显著的一个重要原因，同时也充分说明家庭因素对男性和女性所具有的不同影响作用；与停留者相比，女性农民工流动者陷入了一种流动频繁，但收入却增加较少的恶性循环中。另外，从同样是工作原因的主动流动，女性农民工得到的回报却远远低于男性这一点看，不排除女性农民工在此类型的职业流动中受到了某种程度的歧视。这点在本书中也基本得到验证，三个模型的回归结果均表明，和未婚者相比，已婚反而有助于男性获得更高的报酬，但对女性来说，已婚对工作产生了负面的影响，并降低了后续收入。单位原因被动流动显著降低了男性农民工的后续收入水平，但对女性农民工的负向收入效应并不显著，这种分化表明单位原因的被动流动对男性农民工的影响更大。

再次，我们发现个人原因被动流动的收入效应与本书第二篇的假说并不相符：不管是男性农民工还是女性农民工，与停留者相比，个人原因被动流动对其后续收入不具有负向的收入效应，即不具有"疤痕效应"。在一定程度上说明企业和劳动者之间并无规范的用工信息来源，农民工所处的城市劳动力市场有别于城市的正规劳动力市场。

最后，我们发现教育和在职培训均可提高农民工的收入水平，这是二者具有共性的地方，表明一般人力资本和专有人力资本的积累对于农民工改善收入现状的重要性；但由于农民工教育水平普遍较低，71%的男性农民工和79%的女性农民工没有参加过任何在职培训，而农民工流动者中有85%的男性和87%的女性都是工作原因的主动流动。从某种意义上讲，该类流动可能是农民工在面对城市就业现状后采取的一种可以增强人力资本积累和提升收入水平的理性行为。和无合同的临时工相比，签订合同可显著提高农民工的收入水平，说明规范用工合同对农民工的重要性。另外，职业、行业和所有制性质等控制变量对不同性别农民工的收入影响也不尽相同，这里不再做详细阐述。

需要特别说明的是，考虑到职业流动变量和影响农民工收入的某些控制变量可能会存在共线性问题，本章也回归了剔除职业流动变量的收入方程，[①] 以重新估计各控制变量对农民工工资收入的影响系数，结果发现各控制变量的系数与包含职业流动虚拟变量的三个模型的回归结果基本表现一致。唯一的不同表现是：由于职业流动变量的引入，男性农民工的工作相关技能培训变量对收入影响的显著性从1%水平上显著降为5%水平上显著。这一结果也不难解释，特定人力资本的积累有助于提高劳动者在本单位的收入水平，但职业流动则会中断这一过程，从而造成其对后续收入正向影响的显著性下降。这一结果表明本书有关职业流动收入效应的结果具有稳健性。

二 在职搜寻工作的性别差异分析

不同性别农民工在职搜寻工作影响因素的 Logit 回归结果如表 6-6 所示。从回归的结果看，收入水平、工伤保险均显著降低了农民工在职搜寻工作行为的发生，表明收入状况和规范、安全的作业环境是农民工稳定就业的共同诉求；与本地农民工相比，外地农民工显著提高了在职搜寻工作

---

① 该回归结果见本章后附表 6-4。

行为的发生概率；与商业相比，建筑业显著抑制了农民工在职搜寻工作行为的发生，对于女性农民工体现得更为显著。①

表6-6　　　影响农民工在职搜寻工作的 Logit 回归结果

变量	男性农民工 系数	标准误	女性农民工 系数	标准误
小时工资收入	-0.050 ***	(0.011)	-0.085 ***	(0.019)
年龄	0.104 ***	(0.033)	0.138 ***	(0.049)
年龄的平方	-0.002 ***	(0.000)	-0.002 ***	(0.001)
当前工作年限	-0.015	(0.024)	-0.086 **	(0.036)
当前工作年限平方	0.000	(0.001)	0.006 ***	(0.002)
教育年限	0.087 ***	(0.018)	0.041 *	(0.023)
在职培训学习（以无培训为参照）				
一般技能培训	-0.477 **	(0.212)	-0.185	(0.300)
工作相关培训	0.142	(0.092)	0.404 ***	(0.122)
已婚	-0.153	(0.169)	-0.512 **	(0.212)
孩子	-0.288	(0.178)	0.021	(0.233)
医疗保险	0.171 **	(0.083)	0.150	(0.101)
工伤保险	-0.225 *	(0.117)	-0.327 *	(0.168)
外地农民工	0.255 **	(0.114)	0.390 ***	(0.140)
合同类型（以无合同的临时工为参照）				
短期合同	0.254 *	(0.143)	0.256	(0.168)
固定合同	-0.098	(0.103)	0.024	(0.123)
自我雇佣	0.055	(0.176)	-0.171	(0.219)
行业（以商业为参照）				
制造业	-0.148	(0.128)	-0.215	(0.162)
建筑业	-0.260 *	(0.140)	-0.720 **	(0.320)
社会服务业	-0.170	(0.140)	0.150	(0.161)
其他行业	0.076	(0.116)	0.084	(0.161)

---

① 这一结果可能和该数据调查的时间有关，当时房地产价格的一路暴涨使得关联的建筑行业蓬勃发展，吸纳了众多的农民工。在其他年份，是否会具有相同的效应，则需要进一步验证。

续表

变量	男性农民工		女性农民工	
	系数	标准误	系数	标准误
所有制（以个体、私营为参照）				
集体企业	-0.372*	(0.204)	0.184	(0.241)
外资企业	0.085	(0.192)	-0.049	(0.258)
国有企业、机关事业单位	-0.281**	(0.132)	-0.004	(0.182)
其他企业	-0.279	(0.572)	-0.139	(0.540)
常数	-3.042***	(0.564)	-2.771***	(0.774)
Log-likelihood	-2057.932		-1321.030	

注：（1）因变量为在职搜寻工作。***、**、*分别表示回归系数在1%、5%和10%的水平上显著。

（2）回归中还控制了单位规模和所在城市等变量，因篇幅所限，结果没有列出。

除了具有以上共性的特征之外，影响在职搜寻工作行为的诸因素存在明显的性别差异：当前工作年限显著抑制了女性农民工在职搜寻工作行为的发生，但对于男性来说，影响不显著，可能与男性具有更高的总体流动倾向有关，而女性对工作的依赖性大于男性；参保医疗保险显著增强了男性农民工在职搜寻工作行为的发生，但对于女性来说影响不显著，可能和女性医疗参保比例显著低于男性有关；和未婚相比，已婚显著抑制了女性农民工在职搜寻工作行为的发生，但对于男性来说，并无显著影响，表明女性农民工在考虑是否更换工作时，必须要兼顾家庭因素，但家庭对于男性的约束显然很小；一般技能培训显著抑制了男性农民工在职搜寻工作行为的发生，工作相关技能则显著提高了女性农民工在职搜寻工作行为的发生，这可能和女性工作的行业更为集中，专有人力资本可在同行业间转移有关。

从表6-6的结果我们可以看到，影响农民工在职搜寻工作行为的因素既具有共性也存在较大的性别差异，因此在分析农民工频繁职业流动的原因方面，不但要关注具有共性的因素，更不能忽视异质性的因素。这样才能更好地解决农民工适度流动和稳定就业的问题，从而在源头上解决"民工荒"的问题和城市化建设的稳步推进。

三 进一步的讨论

从表6-7的结果看，以往的职业流动行为与目前在职搜寻工作行为之间的相关关系存在明显的性别差异。对男性农民工来说，工作原因主动流动显著提高了其在目前工作中在职搜寻工作行为的发生，体现出男性前后职业流动行为的一致性和清晰的流动轨迹；之前工作原因主动流动所带来的显著的正向收入效应使得男性农民工在以后的工作中有更高的动机进行相应的在职搜寻，并从中获益。对女性来说，以往职业流动行为与目前在职搜寻工作间相关关系均不显著。原因可能有两点：第一，虽然女性具有更高的工作原因的主动流动倾向，但是女性从工作原因主动职业流动中获益不大，因此以往的流动经历不会显著影响其后续的行为；第二，因为女性在流动中须兼顾工作和家庭，使得女性受不可控因素的影响更大，与男性相比，女性农民工的职业流动就更具有随机性，流动轨迹不清晰。因此很难从之前的行为中预测其后续的行为，其流动诉求往往也容易被忽视。

表6-7　　以往职业流动对于目前在职搜寻工作的影响分析

变量	男性农民工 系数	男性农民工 标准误	女性农民工 系数	女性农民工 标准误
工作原因主动流动	0.242**	(0.087)	0.135	(0.105)
家庭原因主动流动	-0.167	(0.242)	-0.323	(0.265)
单位原因被动流动	-0.133	(0.222)	-0.722	(0.404)
个人原因被动流动	0.350	(0.298)	-0.024	(0.479)

注：（1）因变量为在职搜寻工作。***、**、*分别表示在1%、5%和10%的水平上显著。

（2）回归中还控制了农民工个人禀赋、工作特征和地区等变量，因篇幅所限，结果没有列出。

第四节　本章结论与启示

基于北京师范大学与澳大利亚国立大学联合课题组在2008年实施的中国住户收入调查数据（CHIP）的城市移民（农民工）数据。本章考察了农民工不同类型职业流动及其收入效应的性别差异，并进一步对农民工在职搜寻工作的性别差异进行了分析。我们首先发现，农民工整体具有较高的职业流动倾向性，58%的男性农民工和52%的女性农民工均经历过职业流动。但不同性别的农民工所具有的较为相近的职业流动倾向背后所基于的动机并不完全相同，这一点应该得到足够的重视。

其次，不同类型的职业流动具有不同的收入效应，相同的职业流动行为，不同的性别经历了差异显著的收入回报。具体来讲，工作原因、家庭原因两类主动流动均显著提高了男性农民工的后续收入水平；虽然女性农民工具有更高的工作原因主动流动倾向，但其从中获得的收入回报明显弱于男性，家庭原因主动流动反而降低了其后续收入水平；单位原因被动流动显著降低了男性农民工的后续收入水平，但对女性农民工影响不显著。

最后，影响不同性别农民工在职搜寻工作行为的因素既有共性也存在显著的性别差异，增加农民工收入水平和改善单位规范作业环境将会显著抑制整体农民工的流动倾向；家庭因素是女性农民工就业稳定与否的关键因素，但对男性农民工来讲则影响不大。对男性农民工来说，职业流动行为前后具有一致性且流动轨迹清晰；对女性农民工来说，因在流动中受不可控因素的影响更大，其职业流动更具随机性，流动轨迹也不清晰。因此很难从之前的流动行为中预测其后续的行为，其流动诉求往往也容易被忽视。基于此，为实现农民工适度流动和稳定就业，除重视其共同诉求外，性别差异的异质性因素更不应被忽视。

以上结论的理论意义在于，农民工频繁的职业流动行为是该群体所具有的不同于城镇职工的特殊性所在，同时又是具有中国特色的现象；不同类型职业流动的收入效应更是我们深刻了解这个群体在城市劳动力市场上生存状态的重要标尺，因此对该问题的深入研究对于职业流动理论本身在中国的应用和发展，以及对不同性别农民工职业流动行为的理论解释具有重要的意义。

现实意义则在于，当我们为实现农民工适度流动和稳定就业目标而制定政策措施时，不仅要关注农民工的共性诉求，比如，提高农民工的收入水平，在关系农民工安全和身体健康等社会保险与福利待遇、保障方面，进一步完善相关制度并加强政府监管；同时也不应忽视女性农民工的异质性特征，以免其步入频繁流动和收入无法显著增加的恶性循环中而处于遭遇双重歧视的地位，当然这要依赖农民工市民待遇的推进和相关保障制度的进一步完善，尤其是相关制度对于女性农民工的进一步关注。

从本书研究中反观我国城市劳动力市场的二元特性，我们认为：男性农民工和女性农民工在不同的职业流动类型上所具有的不同收入效应，我们可以用在职搜寻工作行为的性别差异以及社会对男性和女性职业流动行为社会属性的定性思维等常规理论加以解释。但是结合我国劳动力市场的现实，归根结底还是和农民工始终处于城市劳动力市场的次要劳动力市场有很大关系：农民工在整个城市就业过程中面临的现状是，必要保障的缺失或者不到位使得不同性别的农民工承受了不同的压力，而女性农民工的发展机会更少，行业的选择也更为集中。从这一层面讲，农民工具有较高的流动倾向，且主要表现为工作原因的主动流动行为就很容易理解。从某种意义上讲，主动流动尤其是工作原因的主动流动演变成了农民工在短期可以改善现况获得更高收入水平的一种理性选择行为，这一结论与本书第四章的结论一致。但从长远来看，农民工能否从中真正获益，是否有助于其全面、真正地融入城市生活并不乐观；从用工单位和政府相关部门的角度来说，农民工的频繁流动以及相应的"民工荒"问题，同样也不利于单位和城市的稳定与可持续发展，改变这一现状的措施仍然离不开相应制度的建立和完善，比如社会保障制度、农民工职业内收入增长机制的建立与完善，教育制度、女性农民工权益保障制度、就业制度以及《劳动法》和《劳动合同法》等的完善和普及，以确保城市居民和农民工的同城待遇，使城市真正具有足够的吸引力，让农民工在城市劳动力市场上适度流动、稳定就业，最终在城市安家立业。

附表6-1 男性农民工职业流动收入效应的OLS回归结果

变量	模型一 系数	模型一 标准误	模型二 系数	模型二 标准误	模型三 系数	模型三 标准误
流动者（以停留者为参照）	0.045**	(0.018)	—	—	—	—
主动流动	—	—	0.056***	(0.018)	—	—
被动流动	—	—	-0.067*	(0.038)	—	—
工作原因主动流动	—	—	—	—	0.055***	(0.018)
家庭原因主动流动	—	—	—	—	0.084*	(0.049)
单位原因被动流动	—	—	—	—	-0.103**	(0.044)
自身原因被动流动	—	—	—	—	0.024	(0.068)
年龄	0.047***	(0.006)	0.047***	(0.006)	0.047***	(0.006)
年龄的平方	-0.001***	(0.000)	-0.001***	(0.000)	-0.001***	(0.000)

续表

变量	模型一 系数	模型一 标准误	模型二 系数	模型二 标准误	模型三 系数	模型三 标准误
当前工作年限	0.039***	(0.005)	0.038***	(0.005)	0.038***	(0.005)
当前工作年限的平方	-0.001***	(0.000)	-0.001***	(0.000)	-0.001***	(0.000)
已婚	0.079**	(0.037)	0.076**	(0.037)	0.078**	(0.037)
孩子（以没有孩子为参照）	-0.074*	(0.039)	-0.072*	(0.039)	-0.073*	(0.039)
受教育年限	0.037***	(0.004)	0.037***	(0.004)	0.036***	(0.004)
在职培训学习（以无培训为参照）						
一般技能培训	0.069*	(0.041)	0.068	(0.041)	0.065	(0.041)
工作相关培训	0.048**	(0.020)	0.050**	(0.020)	0.050**	(0.020)
职业（以体力工人为参照）						
低技能、一般工作人员	0.087***	(0.024)	0.087***	(0.024)	0.087***	(0.024)
专业技术、管理人员	0.279***	(0.059)	0.279***	(0.059)	0.278***	(0.059)
个体户、私营老板	0.135***	(0.036)	0.131***	(0.036)	0.132***	(0.036)
单位所有制性质（以私营、个体为参照）						
集体企业	0.199***	(0.039)	0.200***	(0.039)	0.200***	(0.039)
外资企业	0.123**	(0.042)	0.121**	(0.042)	0.120**	(0.042)
国有企业、机关事业单位	0.071**	(0.028)	0.070**	(0.028)	0.068**	(0.028)
其他企业	0.207*	(0.116)	0.211*	(0.116)	0.215*	(0.116)
行业（以商业为参照）						
制造业	0.071***	(0.028)	0.071***	(0.028)	0.071***	(0.028)
建筑业	0.242***	(0.029)	0.243***	(0.029)	0.244***	(0.029)
社会服务业	-0.043	(0.031)	-0.044	(0.031)	-0.044	(0.031)
其他行业	0.033	(0.026)	0.032	(0.026)	0.032	(0.026)
常数项	0.121	(0.106)	0.120	(0.106)	0.123	(0.106)
R^2	0.2274		0.2295		0.2302	
N	3893		3893		3893	

注：（1）因变量为小时收入的对数。***、**、*分别表示在1%、5%和10%的水平上显著。

（2）回归中还控制了具体的合同类型、单位规模和所在城市等变量，因篇幅所限，结果没有列出。

附表6-2　女性农民工职业流动收入效应的OLS回归结果

变量	模型一 系数	模型一 标准误	模型二 系数	模型二 标准误	模型三 系数	模型三 标准误
流动者(以停留者为参照)	0.032	(0.020)				
主动流动			0.033*	(0.020)		
被动流动			0.005	(0.054)		
工作原因主动流动					0.037*	(0.020)
家庭原因主动流动					-0.014	(0.050)
单位原因被动流动					-0.024	(0.064)
自身原因被动流动					0.070	(0.097)
年龄	0.037***	(0.008)	0.037***	(0.008)	0.037***	(0.008)
年龄的平方	-0.001***	(0.000)	-0.001***	(0.000)	-0.001***	(0.000)
当前工作年限	0.048***	(0.007)	0.048***	(0.007)	0.048***	(0.007)
当前工作年限的平方	-0.002***	(0.000)	-0.002***	(0.000)	-0.002***	(0.000)
受教育年限	0.041***	(0.004)	0.041***	(0.004)	0.041***	(0.004)
在职培训学习(以无培训为参照)						
一般技能培训	0.070	(0.059)	0.070	(0.059)	0.071	(0.059)
工作相关培训	0.059**	(0.025)	0.059**	(0.025)	0.059**	(0.026)
已婚	-0.009	(0.040)	-0.010	(0.040)	-0.010	(0.040)
孩子(以没有孩子为参照)	-0.076*	(0.044)	-0.076*	(0.044)	-0.075*	(0.044)
职业(以体力工人为参照)						
低技能、一般工作人员	0.037	(0.030)	0.037	(0.030)	0.036	(0.030)
专业技术、管理人员	0.265***	(0.061)	0.265***	(0.061)	0.265***	(0.061)
个体户、私营老板	0.114***	(0.040)	0.113***	(0.040)	0.113***	(0.040)
所有制性质(以私营、个体为参照)						
集体企业	0.090*	(0.047)	0.090*	(0.047)	0.091*	(0.047)
外资企业	0.098**	(0.045)	0.097**	(0.045)	0.097**	(0.045)
国有企业、机关事业单位	0.015	(0.035)	0.015	(0.035)	0.015	(0.035)
其他企业	-0.031	(0.107)	-0.031	(0.107)	-0.031	(0.107)
行业(以商业为参照)						
制造业	0.046	(0.031)	0.046	(0.031)	0.045	(0.031)
建筑业	0.190***	(0.050)	0.190***	(0.050)	0.191***	(0.050)
社会服务业	0.100***	(0.033)	0.100***	(0.033)	0.099***	(0.033)

续表

变量	模型一 系数	标准误	模型二 系数	标准误	模型三 系数	标准误
其他行业	-0.030	(0.033)	-0.029	(0.033)	-0.029	(0.033)
常数项	0.177	(0.128)	0.176	(0.128)	0.178	(0.128)
R^2	0.293		0.294		0.294	
N	2478		2478		2478	

注：(1) 因变量为小时收入的对数。***、**、* 分别表示在1%、5%和10%的水平上显著。

(2) 回归中还控制了具体的合同类型、单位规模和所在城市等变量，因篇幅所限，结果没有列出。

附表6-3　　　　　　　　失业的影响因素分析

变量	男性农民工 系数	标准误	女性农民工 系数	标准误
职业流动(以停留者为参照)				
工作原因主动流动	0.998***	(0.067)	1.003***	(0.083)
家庭原因主动流动	1.081***	(0.140)	1.299***	(0.152)
单位原因被动流动	1.131***	(0.127)	1.120***	(0.199)
个人原因被动流动	1.168***	(0.192)	1.647***	(0.277)
年龄	-0.002	(0.022)	-0.068**	(0.032)
年龄的平方	-0.000	(0.000)	0.001*	(0.000)
职业年限	-0.070***	(0.014)	-0.113***	(0.023)
职业年限平方	0.003***	(0.001)	0.005***	(0.001)
已婚	-0.004	(0.114)	-0.049	(0.145)
孩子	-0.240**	(0.121)	0.019	(0.158)
教育年限	-0.034***	(0.012)	-0.055***	(0.016)
在职培训学习(以无培训为参照)				
一般技能培训	0.108	(0.125)	0.136	(0.194)
工作相关培训	0.127**	(0.064)	-0.072	(0.094)
外地农民工	-0.056	(0.073)	-0.020	(0.094)
单位规模(以5人以下为参照)				
6—100人	0.007	(0.081)	-0.111	(0.088)
100人以上	-0.248***	(0.095)	-0.216*	(0.119)

续表

变量	男性农民工 系数	男性农民工 标准误	女性农民工 系数	女性农民工 标准误
合同类型(以无合同为参照)				
短期合同	-0.086	(0.103)	0.076	(0.121)
固定合同	-0.283***	(0.068)	-0.187**	(0.088)
自我雇佣	-0.429***	(0.095)	-0.341***	(0.109)
行业(以商业为参照)				
制造业	-0.175*	(0.089)	-0.004	(0.114)
建筑业	0.011	(0.090)	0.247	(0.178)
社会服务业	-0.090	(0.096)	-0.072	(0.115)
其他行业	-0.211***	(0.081)	0.041	(0.113)
城市(以西部城市为参照)				
中部城市	0.621***	(0.088)	0.417***	(0.104)
东部城市	0.210**	(0.090)	0.107	(0.108)
常数项	-0.996***	(0.376)	0.135	(0.507)
Log-likelihood	-1410.494		-852.025	
Pseudo R^2	0.1627		0.1745	
N	4004		2760	

注:(1)因变量为失业经历。***、**、*分别表示回归系数在1%、5%和10%的水平上显著。

(2)回归中还控制了职业类型、单位所有制性质等变量,因篇幅所限,结果没有列出。

附表6-4　不包含任何职业流动变量的工资方程OLS回归结果

变量	男性农民工 系数	男性农民工 标准误	女性农民工 系数	女性农民工 标准误
职业流动(以停留者为参照)				
年龄	0.055***	(0.007)	0.038***	(0.009)
年龄的平方	-0.001***	(0.000)	-0.001***	(0.000)
当前工作年限	0.035***	(0.005)	0.044***	(0.007)
当前工作年限平方	-0.001***	(0.000)	-0.002***	(0.000)
已婚	0.081**	(0.038)	-0.006	(0.041)
孩子	-0.081**	(0.040)	-0.077*	(0.044)
教育年限	0.038***	(0.004)	0.041***	(0.004)

续表

变量	男性农民工 系数	标准误	女性农民工 系数	标准误
在职培训(以无培训为参照)				
一般技能培训	0.076*	(0.041)	0.077	(0.059)
工作相关培训	0.056***	(0.021)	0.067***	(0.025)
合同类型(以无合同的临时工为参照)				
短期合同	0.074**	(0.033)	0.102***	(0.035)
固定合同	0.091***	(0.023)	0.120***	(0.025)
自我雇佣	0.225***	(0.037)	0.189***	(0.041)
单位规模(以5人以下为参照)				
6—100人	0.114***	(0.028)	0.080***	(0.028)
100人以上	0.157***	(0.032)	0.174***	(0.036)
职业(以体力工人为参照)				
低技能、一般工作人员	0.090***	(0.024)	0.038	(0.030)
专业技术、管理人员	0.280***	(0.060)	0.265***	(0.061)
个体户、私营老板	0.142***	(0.036)	0.111***	(0.041)
所有制(以个体私营为参照)				
集体企业	0.197***	(0.040)	0.083*	(0.048)
外资企业	0.111***	(0.043)	0.098**	(0.045)
国有企业、机关事业单位	0.070**	(0.028)	0.014	(0.035)
其他企业	0.205*	(0.117)	−0.032	(0.108)
行业(以商业为参照)				
制造业	0.073***	(0.028)	0.043	(0.031)
建筑业	0.236***	(0.029)	0.187***	(0.051)
社会服务业	−0.051*	(0.031)	0.093***	(0.033)
其他行业	0.036	(0.026)	−0.032	(0.033)
城市(以西部城市为参照)				
中部城市	−0.035	(0.026)	−0.011	(0.030)
东部城市	0.259***	(0.025)	0.373***	(0.026)
常数项	0.069	(0.116)	0.215	(0.141)
R^2	0.218		0.285	
N	3893		2479	

注：因变量为当前小时工资收入对数。***、**、*分别表示回归系数在1%、5%和10%的水平上显著。

第七章　农民工职业流动与收入决定的代际差异与趋势

在第五、六章中，我们从农民工所表现出的总体职业流动特征及性别异质性角度研究了不同类型的职业流动对农民工整体及不同性别的农民工收入增长的决定作用，从我们的实证结果来看，职业流动是农民工群体提高其收入增长水平的一个重要渠道，也是提升其人力资本回报的理性行为，但职业流动正向的收入增长作用对男性农民工群体更为明显，这为我们更准确地理解农民工群体在城市劳动力市场上的行为提供了严谨的经济学解释，同时为决策部门在新型的城镇化道路上更好地解决农民工的问题并制定切实有效的相关保障措施提供了有益的信息。但农民工的劳动供给及城市劳动力市场对农民工的需求并不是稳定不变的，从"民工潮"到"民工荒"较长的时间里，农村与城市均发生了较大的变化，第二代农民工也逐渐成为城市劳动力市场的主力，但不同代际农民工在城市劳动力市场上的职业流动行为特征及其对两代农民工收入的影响作用是否存在显著的代际差异与时点差异，还不得而知，对这些问题的分析和回答是本章所要深入探讨的主题。

本章利用2003年和2008年[①]实施的两轮城镇住户收入调查数据中的城市移民数据，对农民工的代际差异从职业流动对农民工工资收入决定的影响、留城意愿两个维度进行了统计分析、实证检验与时点间的比较。回归结果表明，两代农民工在工资收入决定与留城意愿两个层面并不存在显著的代际差异，农民工整体仍然倚重于职业流动来提升其收入水平。具体

---

① 2003年实施的调查问卷对于就业、收入水平等重要问题的设定为"您2002年……"，因此该调查反映的主要是2002年的特征；2008年实施的调查问卷对于问题的设定为"您当前……"，且有3%的农民工在2008年首次进入城市劳动力市场从事非农工作，11%的农民工2008年开始从事调查时的该项职业。因此，该数据反映的是2008年的情况。书中数据的标注为调查问卷的所反映问题的年份，因此分别为2002年和2008年，特此说明。

来看，新生代农民工尤其是 2008 年的新生代农民工具有更高的教育水平，但其教育回报率并不存在显著的代际差异，也没有随时间而"水涨船高"；两代农民工均倚重于职业流动来提高其收入水平，在 2008 年表现得更为突出；两代农民工在两个调查年度均表现出很高的留城意愿；影响农民工留城意愿的因素主要表现为时点差异而非代际差异；迁移型职业流动不利于 2008 年新生代农民工留城意愿的提高；除城市可提供的收入水平外，养老、医疗等社会事业的发展水平是影响农民工整体是否留在城市的重要因素。

本章具体的结构安排如下：第一节为问题的提出；第二节为理论分析与相关概念说明；第三节为数据说明、模型设计及统计描述；第四节为农民工职业流动的代际差异实证分析与讨论；第五节为本章结论及启示。

第一节 问题的提出

农民工作为我国城乡分割二元经济的特殊产物，其所具有的亦农亦工的职业特征及"候鸟式"的流动特征一直广受学者关注。随着新生代农民工不断进入城市劳动力市场从事非农工作，第一代农民工与新生代农民工的代际异质性问题及新生代农民工的群体特征日益成为学者研究的热点。据国家统计局数据显示，新生代农民工在外出务工农民工中所占的比例 2009 年为 58.4%，[1] 2010 年约为 60%，2011 年也约为 60%，并占农民工总量的 39%，[2] 新生代农民工已逐步成为外出务工人员的主力军。比较分析这个群体与第一代农民工在主观特征和客观约束方面的异质性及随时间的演变趋势，对于加快实现新型城镇化建设目标并重点落实"人的城镇化"问题具有重要的现实意义。

关于农民工代际差异问题，学者从两代农民工的个人禀赋、行为决策、留城意愿、市民化倾向及市民化程度等方面进行了较多的分析比较，并积累了宝贵的可为借鉴的成果。如有研究发现新生代农民工具有比第一代农民工更高的一般人力资本积累，并普遍缺乏务农经验，其外出动机已

---

[1] 国家统计局：《新生代农民工的数量、结构和特点》，2011 年 3 月 11 日。
[2] 国家统计局：《2011 年我国农民工调查监测报告》，2012 年 4 月 27 日。

从第一代农民工的经济型转为发展型(国家统计局住户调查办公室,2011;国家统计局,2012;王春光,2001;张永丽、黄祖辉,2008),且新生代农民工更换工作较频繁,职业流动诉求也不同于第一代农民工(高颖,2008;王超恩、符平,2013);其在文化、观念和行为上与第一代农民工的显著分化,决定了他们有着不同的社会认同感和生活期望值,进而导致他们在行为决策上有着显著的差异(陈建林,2009);与大多数第一代农民工最终会回到农村相比,新生代农民工具有更高的留城意愿(刘传江,2010)和更为强烈的市民化倾向(刘传江、程建林,2008),目前已表现出了向全职非农、融入城市及追求平等转变(王春光,2006);外出务工初衷的实现程度对农民工留城意愿的作用存在代际差异(钱文荣、李宝值,2013);与第一代农民工相比较,新生代农民工具有更高的城市融入程度(何军,2012)。从以上的研究结论中,我们获得了两代农民工作为城市劳动力市场的要素供给者所表现出的差异性信息,但是,以上研究没有很好地结合城市劳动力市场的需求信息,并使用更长期和更具代表性的数据比较分析两代农民工在城市劳动力市场上的个体特征、收入决定与客观约束等差异以及随时间推进的演变特征。实际上,从"民工潮"到"民工荒"两个较长的时间段里,随着社会制度和社会政策的不断调整以及社会保障制度的推进和实施,农村的生活水平有了明显的提升,使得农民工的劳动供给、城市劳动力市场对农民工的需求均有所变化,并深刻影响着农民工的留城意愿与职业流动选择及其在城市劳动力市场上的回报。

第二节 理论分析与相关概念说明

一 理论分析

在关注农民工代际差异问题时,我们必须承认,截至目前所实行的渐进性户籍制度改革并没有从根本上改变户籍制度的本质,农民工的农村户籍身份与较低的人力资本积累始终是两代农民工不得不面对的共同约束,从而造成城市劳动力市场对该群体的需求也始终不同于城镇居民。

从理论层面看,农民工进入城市劳动力市场从事非农工作将会面临以下问题:

第一,由于户籍制度的人为限制与农民工自身较低的人力资本积累等因素，使得该群体只能在城市的次要劳动力市场就业，从事城镇户籍居民所不愿意从事的收入低、地位低且保障缺失的职业，而无法取得平等的同城待遇。

第二，农民工对城市劳动力市场和工作相关信息掌握的不对称性，以及城市雇主对于农民工技能的缺乏了解与城市雇主对于农民工的认同感弱于城市当地居民，使得农民工如果和当地居民具有同等技能时，雇主很可能倾向于雇用当地居民。这同样会造成农民工遭遇次要劳动力市场和受到歧视，从而导致低收入。

由此我们初步预测农民工整体进入城市劳动力市场的初职匹配可能是低质量的，而随着对城市劳动力市场逐步加深了解和获得更多的相关信息，农民工将会通过职业流动来提高其与工作的匹配质量、获得收入增长。换句话说，农民工的收入增长可能主要来自职业流动的贡献，尤其是当农民工已有的人力资本回报无法得到有效的可持续提升，且缺乏畅通的人力资本积累渠道的情况下，农民工会更倚重于职业流动这种方式来提高其收入水平。这可能是农民工频繁职业流动的关键原因之一。

第三，由于农村与城市在生活环境、物质条件、公共服务等方面的差距，使得农民工群体始终保持着较高的留城意愿。近几年，随着农村生活水平与社会保障水平的逐步提高，影响农民工留城意愿的因素除了收入水平外，社会保障制度等非物质因素的影响作用也得以凸显。

随着时间的推进，制度环境的改善，以上状况在新生代农民工群体中是否有了很大的改观，尚需要结合农民工群体本身的劳动力供给演变与城市劳动力市场对农民工的需求特征进行深入的观察与分析比较。而怎样使城市具有足够的吸引力，更好地满足不同代际农民工的不同诉求，让农民工在城市安家置业，则是我们关注农民工代际差异的真正目的所在。

二 相关概念说明

新生代农民工：对于新生代农民工和第一代农民工的界定，从政府层面看，2010年，中央一号文件将出生于1980年以后并外出务工的农民工定义为"新生代农民工"；但国内学者的界定并不完全统一，王春光以20世纪80年代初次外出务工的农民工定义为第一代农民工，90年代初次外出务工的为新生代农民工（王春光，2001）；张永丽、黄祖辉则以1978年出生为界定标准，将1978年以前出生，且在2006年调查时年龄在28周岁以上的农民工定义为第一代农民工，而将1978年以后出生的农民工定义为新生代农民工(张永丽、黄祖辉,2008);大多数的文献对于新生代农民工的界定为出生在 1980 年之后,于 20 世纪 90 年代后期开始进入城市劳动力市场从事非农工作的农民工(国家统计局,2011;刘传江、程建林,2008;何军,2012);本书借鉴以上对于新生代农民工的定义,并考虑 2002 年与 2008 年调查数据的可比性,将数据调查年受访人年龄在 16—28 岁的定义为新生代农民工,29—60 岁为第一代农民工。

职业流动(Job Mobility):本章对于职业流动概念的界定,也以农民工进入城市劳动力市场后是否变换工作单位或雇主为主要依据。由于流动就业农民工中高比例的城市流动行为是农民工就业流动的一大特征,本书将换工作也换城市的行为归属于职业流动范畴,并定义为"迁移型职业流动"。这样做的理论依据是施瓦茨(Schwartz)认为城市(地区)流动是劳动者在转换工作的同时也变换城市(地区)的一种行为,应该归属为职业流动的子集(Schwartz A.,1976);巴特尔(Bartel)、朗(Long)则认为劳动者进行城市(地区)流动的原因多种多样,但是一个共识是城市(地区)流动的决定往往和职业流动相伴而生(Bartel A. P.,1979;Long L.,1988)。以上结论与我国农民工在城市劳动力市场上的职业流动特征也较为吻合,这使得"迁移型职业流动"概念的界定也具备了现实依据。为了便于比较,本书将农民工进入城市劳动力市场后只在一个城市(地区)变换工作的行为称为"当地型职业流动"。

根据以上理论框架分析和相关概念界定及说明,本书采用反映 2002 年和 2008 年情况的两轮中国住户收入调查数据(CHIP)的城市移民(农民工)部分,从农民工收入决定、留城意愿两个维度对两代农民工是否存在代际差异及农民工的代际差异在"民工荒"前后的演变特征进行相应的统计分析和实证验证,重点考察人力资本回报、职业流动行为及其回报与留城意愿的代际差异。本书想回答的主要问题是,农民工群体本身所体现出的人力资本方面的代际差异,是否在城市劳动力市场上得到了应有的回报与改善?两代农民工的职业流动行为及其对收入决定的影响作用是否因此有所改变?随着时间的变迁,在主客观条件均不断改变的条件下,影响农民工留城意愿的因素是否存在显著的代际差异与时点差异?通过对以上问题的研究,以期为"人的城镇化"建设中可能存在的问题提供更多的思考。

第三节　数据说明、模型设计及统计描述

一　数据来源

本书所采用的数据来自中国住户收入调查（CHIP）分别反映2002年和2008年的住户调查数据中的城市移民（农民工）部分。农民工被定义为在城镇居住了6个月以上的具有农村户籍的人员。2002年的农民工调查包括了2000个调查户，5327人。此次调查覆盖了北京、陕西、辽宁、江苏、安徽、河南、湖北、广东、重庆、四川、云南和甘肃12个省市，其中沿海和中部的省份都各抽取了200户，西部省份则各抽取了150户家庭。每个省份的省会城市抽取了100个调查户，中等城市抽取了50个调查户。2008年的城市移民调查包括5000个农民工住户样本，8287个农民工。此次调查涵盖了我国15个具有代表性的城市，它们分别为：广州、东莞、深圳、杭州、宁波、南京、无锡、合肥、蚌埠、武汉、郑州、洛阳、重庆、成都、上海。同时采用以上两个数据可以较好地反映"民工荒"前后农民工的劳动供给和城市劳动力市场对农民工需求的变化特征，从而可以更好地比较分析农民工的代际差异及随时间的演变规律；而且，以上两次调查数据都包含了受访者的个体特征、工作特征、当前收入信息以及进入城镇从事非农工作以来的职业流动等方面的丰富信息，吻合本书对数据的要求。另外，两次数据的调查方法也比较一致，可以保证实证结果的准确性和有效性。为了分析的一致性，本书将样本限定在两次调查都覆盖的省市，并将研究范围限定在年龄为16—60岁在业和有收入来源的农民工，依次剔除遗漏个人特征、就业和收入信息的样本，并对周工作时间以及月平均收入水平的异常值进行进一步剔除，最后2002年可用样本为1931个，其中第一代农民工为1534个，新生代农民工为397个；2008年的调查可用样本为4725个，其中第一代农民工为2398个，新生代农民工为2327个。

二　模型设计与变量说明

根据上文的理论分析，本部分通过建立以下计量模型对农民工代际差异问题展开相应的比较分析。第一，两代农民工的收入决定差异分析。主要考察人力资本因素和职业流动行为对两代农民工的收入决定作用是否存

在显著差异。第二，两代农民工的留城意愿差异分析。

农民工的收入决定方程建立在标准的 Mincer 工资方程基础之上：

$$\ln w_i = \alpha \ln w_{i,c} + \beta X_i + \gamma jobmobility_i + \varepsilon_i \tag{7-1}$$

$\ln w_i$ 为因变量，表示农民工个体 i 小时工资收入对数值。$\ln w_{i,c}$ 为受访人如果没有外出务工，留在家乡可以获得的当前月平均收入水平的对数值。控制这一变量的原因是该变量作为农民工外出务工的保留工资，决定着农民工的劳动供给价格，对当前收入水平有着重要的影响作用。X 为一系列决定农民工收入的自变量，主要包含广义的人力资本变量和可能会导致两代农民工收入差异的其他控制变量。其中，广义人力资本变量主要为教育水平、工作经验以及从事非农工作后的在职培训情况；可能会导致两代农民工收入存在差异的其他控制变量包括个人禀赋特征、外出务工前的特征以及在城市劳动力市场上从事非农工作的工作相关特征，主要为性别、婚否、是不是外地农民工、在城市劳动力市场上从事的职业、合同类型、所在行业、单位所有制性质、工作城市等变量。$jobmobility_i$ 为职业流动变量，区分为"停留者"、"迁移型职业流动"与"当地型职业流动"三类，用以考察农民工频繁的职业流动行为与停留者相比是否更有利于农民工收入水平的提高，体现出怎样的代际差异与时点差异特征。ε_i 为误差项。

在此基础上，本书通过 Probit 模型分析农民工留城意愿决定因素的代际差异。

$$Y_i^* = Z_i \alpha + \delta_i \tag{7-2}$$

$$P_i = P(Y=1/Z) = P(Y^* > 0/Z) = F(Z_i \alpha) \tag{7-3}$$

(7-2)式、(7-3)式中，Y^* 是不可观测的潜在变量，Y 是实际观测到的因变量，表示农民工是否愿意一直留在城市（是为1，否为0），即 $Y=1$，当 $Y^* > 0$，劳动者愿意一直留在城市；$Y=0$，当 $Y^* \leq 0$，劳动者最终会回到农村家乡。Z_i 为一系列影响农民工留城意愿的自变量，本书除了考虑个人特征变量、广义人力资本变量及工作单位特征变量外，特别关注货币收入因素和非货币收入因素的影响，以考察两代农民工留在城市生活可能具有的不同诉求和动机，并分析城市怎样才能更好地满足不同代际农民工的不同诉求，且具有足够的吸引力让这个群体在城市安家置业。货币收入因素主要为农民工在城市获得的当前收入水平，非货币收入因素则主要考虑社会保障、福利水平以及农民工来城市务工前的农村职业身份等因素。同时，我们也关注农民工的职业流动行为对其留城意愿的影响作用。为了分析随着时间的推进所表现出的时点特征，我们对2002年和2008年的两代农民工分别进行回归、比较。δ_i为随机扰动项。

三 统计描述与分析

表7-1为两代农民工所具有的个体特征与广义人力资本统计描述。从已婚的比例来看，2002年新生代农民工中67%为已婚，而2008年的这一比例为28%。这与2008年的调查中新生代农民工平均年龄只有22岁不无关系，但也不排除农民工的结婚年龄有所推迟，这可能是导致2008年新生代农民工具有更高流动性的诸多因素中的两大因素。从当前工作经验的分析中，这一初步判断得到了部分印证，2008年新生代农民工的当前工作经验只有2年，显著低于2002年的平均水平。从受教育年限来看，2008年的调查数据显示，农民工的教育水平普遍高于2002年的这一水平。具体来说，2008年的农民工群体中，小学及以下的农民工人数大幅减少，具有高中和中专水平的农民工则有显著增加，尤其是新生代农民工的这一变化尤为突出：小学及以下人数由2002年的约10%下降为2008年的约3%，而具有高中、中专水平的人数由28%上升为34%。总体来看，农民工群体仍然以具有初中水平的劳动者为主，具有大专以上的人数有所上升，但占比还很低，表明农民工的教育水平虽有提升，但整体的一般人力资本积累水平仍然偏低。从在职培训水平来看，新生代农民工接受了更多的在职培训，且2008年比2002年有显著提升。

表7-1 两代农民工个人特征与人力资本差异比较

变量	2002年		2008年	
	第一代	新生代	第一代	新生代
性别(男性)	57.73%	47.85%	59.45%	57.01%
年龄	37.530%	24.594%	38.589%	22.457%
婚姻(已婚)	98.02%	67.63%	94.02%	27.91%
当前工作经验(年)	5.835%	3.237%	5.288%	2.173%
当前职业经验(年)	—	—	6.226%	2.514%
在职培训学习	11.98%	26.34%	17.95%	31.94%
受教育年限	7.465%	9.176%	8.394%	9.865%

续表

变量	2002 年		2008 年	
	第一代	新生代	第一代	新生代
受教育程度				
小学及以下	30.31%	9.82%	23.20%	3.32%
初中	52.65%	58.71%	57.05%	56.71%
高中、中专	15.68%	27.68%	17.93%	34.08%
大专及以上	1.36%	3.79%	1.82%	5.88%

表7-2为两代农民工在城市劳动力市场上的工作特征比较。从当前小时收入水平来看，2008年农民工整体的收入水平显著高于2002年的收入水平。令人费解的是，第一代农民工与新生代农民工的小时收入水平在两个调查年份均无明显代际差异。原因可能是农民工处于城市劳动力市场的次要劳动力市场，缺乏有效的职业内收入增长机制来保证农民工的收入水平得以稳步增长，并且农民工流动频繁，导致其收入水平不存在代际差异；另外，农民工多数从事低技能的体力类工作，年纪偏大的农民工可能难以完全适应此类工作，需要从事更为简单的工作，也会导致第一代农民工的收入无法长期有效增长。

表7-2 两代农民工城市工作情况比较

变量	2002 年		2008 年	
	第一代	新生代	第一代	新生代
当前小时收入(元)	3.191	3.000	6.031	6.061
失业保险	1.17%	3.13%	11.68%	12.28%
医疗保险	2.47%	5.13%	61.37%	58.19%
养老保险	5.43%	6.92%	17.88%	18.56%
单位所有制				
个体、私营	83.02%	78.79%	82.99%	79.47%
集体企业	3.27%	5.80%	3.52%	3.67%
外资企业	0.31%	2.01%	5.04%	6.36%
国有、事业机关	6.23%	7.14%	8.12%	9.99%
其他企业	7.16%	6.25%	0.33%	0.51%

续表

变量	2002年		2008年	
	第一代	新生代	第一代	新生代
合同类型				
临时工和短期合同	23.46%	38.84%	37.61%	45.28%
固定和长期合同	3.89%	8.04%	30.65%	43.15%
自我雇佣	72.65%	53.13%	31.74%	11.57%
所处行业				
商业	50.25%	44.87%	49.45%	46.55%
制造业	9.44%	13.17%	17.04%	22.15%
建筑业	4.14%	3.79%	12.94%	6.28%
社会服务业	21.73%	24.11%	7.09%	10.82%
其他行业	14.44%	14.06%	13.48%	14.21%

注：为了收入的可比性，本书中2008年的收入水平，均以2002年为基期，进行了相应的平减。

从农民工享受的社会保障水平看，2008年与2002年相比有明显改善，且农民工间的代际差异不大，表明我国社会保障的普及水平有了一定程度的提高，尤其是2008年的医疗保险水平与2002年相比有大幅提升，这与农村新型合作医疗在农村的推广和普遍实施不无关系，[1] 但失业保险与养老保险水平还有待提高。从合同类型来看，2008年第一代农民工和新生代农民工签订了固定和长期合同的比例由2002年的4%、8%，分别上升到了31%和43%，表明城市劳动力市场的用工状况较2002年明显规范了许多，农民工的劳动权益保护也得到了显著改善。从农民工所在单位的所有制性质来看，2002年到2008年两代农民工均集中于个体和私营企业，说明农民工主要在非正规部门就业，这从50%左右的农民工处于门槛比较低的商业也得到了部分印证，且这一情况在不同调查年份的两代农民工身上都始终保持稳定。从时点差异和代际差异的角度来看，2008年从事建筑业、制造业的农民工人数比例总体比2002年有很大的提升，而从事社会服务业的农民工比例比2002年有明显下降，这可能与近几年房地产业和制造业的蓬勃发展吸纳了更多的农民工有很大的关系；在2002

---

[1] 2008年的调查数据中关于具体的医疗保险种类显示，具有医疗保险的农民工中有83%的受访者参加的是农村合作医疗，其中第一代农民工的这一比例为84%，新生代农民工为81%。

年,从事建筑业的两代农民工的人数比例均为4%,但在2008年,第一代农民工中有13%从事建筑业,而新生代农民工的这一比例只有6%,这可能与新生代农民工对于脏、累、苦工作的倾向性明显弱于第一代农民工有关。

表7-3为两代农民工职业流动行为与小时收入水平的统计分析。总体来看,农民工具有较高的流动性,且2008年农民工的流动性显著高于2002年的流动水平。具体来看,2002年农民工的流动主要以当地型职业流动为主,大约有1/3的流动者为迁移型职业流动,且新生代农民工的迁移型职业流动比例高于第一代农民工。有别于2002年的流动特征,2008年农民工的流动主要以迁移型职业流动为主,且两代农民工在流动倾向和流动类型上几乎没有代际差异,这与之前的研究结果不完全一致。从小时收入水平看,在两个调查年份,停留者的小时收入水平均低于流动者这一水平,且在第一代农民工身上体现得更为明显。2002年中第一代农民工通过当地型职业流动获得了更高的收入溢价;而在2008年中第一代农民工通过迁移型职业流动获得了更高的收入水平,新生代农民工则通过当地型职业流动获得了较高的收入水平。表明职业流动对于农民工收入水平的提升始终具有重要的贡献作用,但不同类型的职业流动对不同代际农民工的收入作用存在差异且随着时间的推进发生着改变,这可能与城市劳动力市场对农民工的需求随着时间的推进发生了变化有一定的关系。

表7-3 两代农民工职业流动行为与小时收入水平比较

变量	2002年				2008年			
	第一代	小时收入(元)	新生代	小时收入(元)	第一代	小时收入(元)	新生代	小时收入(元)
停留者	61.67%	2.965	57.81%	2.846	44.43%	5.704	44.89%	6.025
流动者	38.33%	3.555	42.19%	3.212	55.57%	6.293	55.11%	6.091
当地型职业流动	71.01%	3.763	65.61%	3.287	38.77%	6.156	38.04%	6.340
迁移型职业流动	28.99%	3.046	34.39%	3.068	61.23%	6.379	61.96%	5.938

表7-4为两代农民工的留城意愿比较。整体来看,农民工在不同的调查年份均表现出了较高的留城意愿,大多数的农民工渴望能一直留在城市。尤其是2002年新生代农民工的留城意愿最为强烈,愿意一直留在城

市的人数占当年新生代农民工的76%，2008年新生代农民工的留城意愿为67%，占比有所下降；2002年的数据显示，第一代农民工的留城意愿为57%，在2008年这一倾向性上升为73%，且高于同年新生代农民工的这一比例。在现有的文献研究中，李强、龙文进的研究发现，有50%左右的农民工愿意放弃承包土地成为城市居民（李强、龙文进，2009）。悦中山使用2005年深圳市农民工的调查数据对农民工的代际差异进行研究，发现仅有29.9%的农民工打算返乡务农，41.5%的农民工有留城发展的意愿，新生代农民工的返乡务农意愿仅为17.6%，远低于第一代农民工的这一比例（43.4%）（悦中山，2009）。本书对于整体农民工具有较高的留城意愿的统计分析结论与以往的文献结论相吻合，但考虑"民工潮"到"民工荒"较长的时间维度，本书与以往研究中新生代农民工更渴望留在城市的结论却不完全相符，在一定程度上意味着这一定论的准确与否还需要使用更具代表性与更多年限的农民工调查数据来进一步考证。深入分析影响各年份不同代际农民工留城意愿的主客观因素，将有助于我们厘清其中的异质性。

表7-4　　　　　　　　两代农民工留城意愿比较

变量	2002年		2008年	
	第一代农民工	新生代农民工	第一代农民工	新生代农民工
回到家乡	43.15%	23.88%	27.46%	32.81%
留在城市	56.85%	76.12%	72.54%	67.19%

注：本书中留在城市是指一直留在城市生活，对于1—3年暂时的留城意愿，不予列入；同时留城指的是留在城市，不一定是农民工工作所在城市。

第四节　农民工职业流动的代际差异实证分析与讨论

一　职业流动与收入决定的代际差异分析

2002年、2008年两代农民工收入决定的回归结果见表7-5。从回归的结果看，广义人力资本积累有助于整个农民工群体的收入水平提高。具体来讲，当前工作经验显著提升了所有农民工的收入水平，与2002年相比，农民工的当前工作经验回报率在2008年得到了很大提升。可能与

"民工荒"背景下,熟练职工更被市场所需求有关;除2002年新生代农民工外,教育水平均显著有利于农民工收入水平的提高。但两代农民工的教育回报率从2002年到2008年均始终保持在4%以下的水平,没有得到显著的提升,这可能是农民工职业流动比较频繁的重要原因之一。教育回报率得不到提升,农民工便缺乏进一步积累一般人力资本的动力,进而导致农民工的人力资本长期处于较低水平,形成不良循环;在职培训显著提高了2008年两代农民工的收入水平,但对于2002年两代农民工收入水平的促进作用均不显著,可能与当时参与在职培训的农民工人数比例比较低有关。结合上文中的统计分析,我们发现,虽然新生代农民工具有更高的一般人力资本积累,但是与第一代农民工相比,其教育回报率并没有因此而得到显著提高;农民工整体的教育回报率也没有因为时间的变迁而"水涨船高"。本书认为这一点应该给予更多关注。

表7-5　　　　　　　　两代农民工收入决定的回归结果

变量	2002年 第一代	2002年 新生代	2008年 第一代	2008年 新生代
当前家乡可获得的月收入水平对数	0.150*** (0.017)	0.100*** (0.038)	0.132*** (0.016)	0.129*** (0.016)
职业流动(以停留者为参照)				
当地型职业流动	0.116*** (0.037)	0.069 (0.069)	0.063** (0.029)	0.065** (0.026)
迁移型职业流动	0.075 (0.052)	0.092 (0.086)	0.050* (0.026)	0.047** (0.023)
女性	-0.118*** (0.032)	-0.120** (0.060)	-0.159*** (0.023)	-0.033 (0.020)
当前工作经验(年)	0.025*** (0.009)	0.069** (0.030)	0.035*** (0.006)	0.097*** (0.013)
当前工作经验的平方	-0.001 (0.000)	-0.002 (0.003)	-0.001*** (0.000)	-0.006*** (0.001)
教育年限	0.033*** (0.006)	0.013 (0.014)	0.032*** (0.005)	0.035*** (0.005)
在职培训(以无培训为参照)	0.062 (0.049)	0.077 (0.069)	0.105*** (0.028)	0.048** (0.021)

续表

变量	2002 年 第一代	2002 年 新生代	2008 年 第一代	2008 年 新生代
职业（以工人为参照）				
一般工作人员	0.069	0.005	0.084**	0.036
	(0.110)	(0.124)	(0.034)	(0.027)
专业技术人员、管理人员	0.108	0.182	0.406***	0.147**
	(0.089)	(0.140)	(0.086)	(0.057)
自我经营	0.054	0.083	0.079**	0.123**
	(0.054)	(0.108)	(0.039)	(0.057)
单位所有制性质（以个体、私营企业为参照）				
集体企业	0.033	−0.027	0.188***	0.070
	(0.096)	(0.129)	(0.057)	(0.050)
外资企业	0.266	0.153	0.264***	0.158***
	(0.273)	(0.205)	(0.053)	(0.043)
国有企业及机关、事业单位	−0.028	0.049	0.052	0.119***
	(0.075)	(0.120)	(0.040)	(0.032)
其他	−0.025	0.137	−0.099	0.154
	(0.072)	(0.129)	(0.174)	(0.132)
所属行业（以商业为参照）				
制造业	0.280***	0.085	0.025	0.109***
	(0.055)	(0.096)	(0.036)	(0.028)
建筑业	0.651***	0.051	0.176***	0.251***
	(0.082)	(0.156)	(0.038)	(0.041)
社会服务业	0.000	−0.213***	−0.025	−0.001
	(0.042)	(0.075)	(0.044)	(0.034)
其他行业	0.262***	0.000	−0.031	0.082***
	(0.051)	(0.100)	(0.036)	(0.030)
常数项	−0.157	0.092	0.530***	0.128
	(0.161)	(0.244)	(0.119)	(0.115)
R^2	0.2768	0.2031	0.2362	0.2859
调整的 R^2	0.2648	0.1494	0.2281	0.2781
N	1534	397	2398	2327

注：（1）因变量为调查年小时收入水平对数值。***、**、*分别表示在1%、5%和10%的水平上显著。

（2）回归项中，第一行为系数，第二行为标准误；回归中还控制了已婚、外地农民工、合同类型、所在城市变量，因篇幅所限，结果没有列出。

从职业流动变量看，与停留者相比，当地型职业流动显著提高了2002年第一代农民工的收入水平，但对于新生代农民工来说，两种类型职业流动对其收入提升作用不显著。但在2008年，当地型职业流动与迁移型职业流动均显著提升了两代农民工的收入水平，且这种提升作用不存在代际差异。这可能与"民工荒"背景有一定关系，城市劳动力市场上农民工的供需矛盾，使得无论是第一代农民工还是新生代农民工均可以通过变换工作和城市，找到可以提供更高收入水平的工作单位。结合农民工整体的教育回报率始终没得到显著提升这一实证结果来看，农民工倚重于职业流动来提升其收入水平便是必然，这与我们观察到的农民工频繁流动的特征随着时间的推进有增无减的统计事实也互为印证。

从其他控制变量来看，在两个调查年份，对所有的农民工来说，如果没有外出务工，在家乡可获得的当前月平均收入水平的对数值系数均为正，并在1%水平上显著。一方面说明如果不对该变量加以控制，模型设定会有遗漏重要变量之嫌；另一方面说明农民工的劳动供给价格的确对其在城市劳动力市场中的收入水平有重要的影响作用。职业、单位所有制性质对农民工收入的决定作用表现出了明显的时点差异：在2002年，两代农民工的收入水平不会因为职业和单位所有制性质的不同而不同；在2008年，这种状况有所改变，与体力工人相比，其他所有职业均会显著提高第一代农民工的收入水平，而对于新生代农民工而言，想要获得更高的收入水平，对其职业则提出了更高的要求；所在行业对农民工收入的影响，则因为农民工就业的倾向性和城市产业结构的发展变化表现出时点差异和代际差异，在此不再赘述。

二　职业流动与留城意愿的代际差异分析

表7-6为农民工留城意愿代际差异的Probit分析结果。我们发现影响农民工留城意愿的因素具有代际异质性，并随时间变迁表现出了显著的时点差异，且后者的差异更为突出。

表7-6　　　　　　　　农民工留城意愿的代际差异分析

变量	2002年		2008年	
	第一代	新生代	第一代	新生代
当前小时收入对数	0.022 (0.056)	-0.031 (0.134)	0.119** (0.053)	0.185*** (0.061)

续表

变量	2002 年 第一代	2002 年 新生代	2008 年 第一代	2008 年 新生代
职业流动(以停留者为参照)				
当地型职业流动	0.151*	0.068	0.032	0.112
	(0.080)	(0.180)	(0.076)	(0.076)
迁移型职业流动	0.376***	0.160	−0.020	−0.129**
	(0.116)	(0.232)	(0.067)	(0.066)
女性	0.048	−0.311*	0.095	0.010
	(0.070)	(0.154)	(0.062)	(0.058)
当前工作经验(年)	0.027***	−0.035	0.010*	0.054***
	(0.008)	(0.030)	(0.006)	(0.015)
教育水平(以小学及以下为参照)				
初中	0.338***	0.329	0.029	0.222
	(0.078)	(0.232)	(0.071)	(0.153)
高中和中专	0.391***	0.861***	0.186**	0.254
	(0.113)	(0.286)	(0.093)	(0.159)
大专及以上	0.771**	1.187**	0.536**	0.482**
	(0.359)	(0.606)	(0.242)	(0.194)
在职培训(以无培训为参照)	0.251**	0.368*	−0.077	−0.076
	(0.112)	(0.196)	(0.072)	(0.061)
外地农民工(以本地农民工为参照)	0.419***	0.187	−0.220***	−0.159**
	(0.072)	(0.162)	(0.072)	(0.073)
来城市前职业(以务农为参照)				
学生	0.408**	0.385**	−0.027	−0.216***
	(0.164)	(0.184)	(0.086)	(0.068)
乡镇工作、村干部、乡村教师	0.005	0.311	−0.056	−0.377**
	(0.123)	(0.332)	(0.112)	(0.151)
个体经营	0.064	−0.368	0.006	−0.084
	(0.115)	(0.290)	(0.140)	(0.231)
其他	−0.379*	0.458	−0.420***	−0.374**
	(0.205)	(0.408)	(0.133)	(0.147)
医疗保险(以无医疗保险为参照)	0.507*	1.695***	−0.138	−0.039
	(0.275)	(0.652)	(0.059)	(0.057)

续表

变量	2002 年 第一代	2002 年 新生代	2008 年 第一代	2008 年 新生代
养老保险(以无养老保险为参照)	0.075 (0.184)	-0.289 (0.425)	0.181** (0.087)	0.162* (0.086)
单位所有制性质(以个体、私营企业为参照)				
集体企业	0.191 (0.211)	0.040 (0.341)	0.272* (0.149)	-0.008 (0.149)
外资企业	0.675 (0.596)		0.316** (0.143)	-0.166 (0.126)
国有企业及机关、事业单位	0.131 (0.165)	-0.443 (0.312)	0.149 (0.100)	0.028 (0.096)
其他	-0.125 (0.157)	-0.019 (0.339)	-0.284 (0.432)	-0.795** (0.364)
所属行业(以商业为参照)				
制造业	-0.050 (0.121)	0.213 (0.256)	-0.166* (0.092)	0.037 (0.082)
建筑业	0.287 (0.187)	-0.223 (0.373)	-0.207** (0.094)	0.187 (0.125)
社会服务业	0.113 (0.092)	0.173 (0.199)	0.007 (0.113)	0.070 (0.098)
其他行业	-0.089 (0.111)	-0.188 (0.257)	-0.008 (0.091)	-0.058 (0.086)
常数项	-1.163*** (0.297)	0.895** (0.454)	0.369* (0.201)	0.188 (0.215)
Log-likelihood	-1015.361	-205.400	-1417.527	-1456.693

注：(1) 因变量为农民工留城意愿。***、**、*分别表示在1%、5%和10%的水平上显著。

(2) 回归项中，第一行为系数，第二行为标准误；回归中还控制了婚姻、合同类型、职业、所在城市变量，因篇幅所限，结果没有列出。

从共性的因素看，以具有小学及以下教育水平为参照，其他教育水平的系数均为正，表明留城意愿随着教育水平的提高而得以加强。由回归结果我们发现，随着时间的变迁和新生代农民工在农民工群体中比例的不断提升，留城意愿对教育水平的要求表现出了不断提高的趋势：在2002年，具有初中及以上教育水平的第一代农民工的留城意愿显著高于具有小学及以下教育水平农民工的这一意愿,但对于新生代农民工和 2008 年的第一代农民工而言,则需具有高中和中专及以上教育水平才显著有助于其留城意愿的提高;对 2008 年的新生代农民工来说,则只有具备大专及以上教育水平,其留城意愿才会显著高于具有小学及以下教育水平农民工的这一水平。这说明农民工在主观意愿上感受到了留在城市所必须具有的教育水平的压力,而客观上,城市对农民工人力资本的要求无形中可能也在不断提高。除 2002 年新生代农民工外,当前工作经验的增加可显著提高农民工群体的留城意愿,表明长期供职于某一个就业单位,会有助于农民工真正"落脚"于城市。

时点差异主要表现在以下几个方面:(1)在 2002 年,当前小时收入水平对农民工的留城意愿影响不显著,而在 2008 年,当前小时收入对数值系数显著为正,表明收入水平越高越有助于农民工留在城市。一定程度上说明,早些时候,农民工渴望留在城市,可能源于对城市本身的向往;而近几年,随着农村收入水平的不断提高和农村生活的日益丰富,外出务工时获取更高的收入水平便成为农民工留在城市的重要拉力。当然这一拉力作用的凸显与城市劳动力市场对农民工这一劳动力要素的供需矛盾在"民工荒"前后发生了逆转不无关系。(2)从到城市前在农村所从事的职业看,2002 年,与务农相比较,除了从学生状态直接进入城市务工可显著提高农民工的留城意愿外,农民工不会因为其之前职业身份的不同而具有更为强烈的留城意愿;2008 年,与务农相比,从事其他任何职业都会抑制农民工的留城意愿,这种影响作用在新生代农民工身上表现得尤为显著。原因可能是这些职业在农村与在城市的差异远没有务农与城市劳动力市场上的工作差异那么大,因此,城市对他们的吸引力不会更为强烈,而规避农村的农业生产,无疑与新生代农民工"不懂或者不喜欢农业"的来城市务工动机相吻合。[①](3)社会保障水平在 2002 年和 2008 年对农民

[①] 2008 年的调查数据中关于"外出前从事职业"的回答,务农、学生、在乡镇从事非农工作、个体经营、其他职业五个选项中,第一代农民工的比例分别为 71%、15%、6%、5%、3%;新生代农民工的比例为 29%、62%、3%、2%、4%。另外,新生代农民工所从事的行业比例中,建筑业占比最低,只有 6%,第一代农民工的比例为 13%。表明新生代农民工对于脏、累、苦工作的倾向性明显低于第一代农民工,务农相比其他职业而言,更具脏、累、苦的特征。因此,新生代农民工规避务农符合其来城初衷。

工留城意愿的影响差异显著，在2002年，具有医疗保险可显著提升农民工的留城意愿，养老保险则影响不显著；在2008年，医疗保险不会提升农民工的留城意愿，但是具有养老保险可显著提高两代农民工的留城意愿。统计描述显示，在2008年，61%的第一代农民工和58%的新生代农民工都有医疗保险，其中84%和81%为农村合作医疗。也就是说，农民工即便回到农村也可享受到一定的医疗保障，从而医疗保障对留城意愿的正向影响力随时间的推进而趋于弱化；当医疗保险得到较大程度的落实后，随着城市中企业养老保障水平的逐年连续提高，养老保险①便成为城市可以吸引农民工留下来的另一重要拉力。当然这也与农村养老保险的缴费标准低、养老保险存在较大的乡城差距有很大的关系。以上社会保障对于农民工留城意愿影响作用的实证分析结果充分说明了城镇化绝不是简单的户籍关系转移问题，更为重要的问题是怎样才能让城镇对农村人口具有足够的吸引力。而这种吸引力不仅仅体现在城镇规划抑或是基础设施建设与社会文化生活上，还须更多地体现在养老、就业、医疗、教育等社会保障制度层面。(4) 在2002年，不同的单位所有制性质与行业属性，对两代农民工的留城意愿的影响均不显著，而在2008年则具有不同的影响。代际差异主要体现在职业流动对农民工留城意愿的影响方面，与停留者相比较，2002年，当地型职业流动与迁移型职业流动均显著有助于第一代农民工留城意愿的提高，但对于新生代农民工来说，职业流动对其是否留城的影响不显著；2008年，职业流动对第一代农民工留城意愿影响不显著，但对于新生代农民工来说，迁移型职业流动系数为负，并在5%水平上显著，表明与那些没有更换过工作的新生代农民工相比，城市就业的不稳定显著不利于其在城市定居。"城市不容易留下来，而农村很难再回去"，这可能是新生代农民工必须面临的现实与困境，同样这也是新型城镇化建设中必须给予高度重视的问题。

---

① 2002年和2008年的调查中关于养老保险指的是"单位是否提供养老保险"，2008年调查数据中关于医疗保险，则指的是"您目前是否参与了以下形式的医疗保险"，其中包含农村合作医疗。

第五节 本章结论及启示

本书利用 2002 年、2008 年的两轮中国住户收入调查的城市移民（农民工）数据，对农民工的代际差异从工资收入决定、留城意愿两个维度进行了统计分析、实证检验与时点间的比较，重点考察了人力资本回报、职业流动行为及其经济结果与留城意愿的代际差异和时点差异。主要结论为：

第一，虽然在两个调查年度，新生代农民工均比第一代农民工具有更高的教育年限，且 2008 年与 2002 年相比，高中、中专及以上教育水平的新生代农民的人数比例有更大的提升，但农民工的教育回报率并不存在显著的代际差异，也没有随时间的推进"水涨船高"。

第二，农民工整体具有较高的流动性，且随时间的推进其流动性有增无减；2002 年农民工的流动以当地型职业流动为主，2008 年则以迁移型职业流动为主；实证结果表明，职业流动仍是提升农民工收入水平的重要手段，在 2008 年表现得更为突出，且不存在明显的代际差异。

第三，在两个调查年度两代农民工均具有较高的留城意愿，其中 2002 年新生代农民工具有最高的留城意愿，而在 2008 年，新生代农民工的留城意愿反而低于同年第一代农民工的这一水平。实证分析结果表明，影响农民工留城意愿的因素主要表现为时点差异而不是代际差异；迁移型职业流动不利于 2008 年新生代农民工留城意愿的提高；除城市可提供的收入水平外，养老、医疗等社会保障制度的发展水平也是农民工整体是否留在城市的重要因素。

第四，2008 年用工合同更为规范，固定工和长期合同的比例有显著改善，尤其在新生代农民工身上表现得更为明显；但在两个调查年度，两代农民工在城市劳动力市场上仍然主要集中于个体、私营企业和商业，表明农民工处于城市次要劳动力市场的现状并没有实质性的改变。

从本章研究结果来看，两代农民工在工资收入决定与留城意愿两个层面并不存在显著的代际差异，农民工整体仍然倚重于职业流动来提升其收入水平。通过研究我们得到的启示是，对于农民工代际差异问题的关注不应止于农民工本身作为城市劳动力市场的要素供给者所体现出的主观差异，更需关注的是两代农民工异质化的禀赋与诉求在客观上是否得到了应有的回报，随时间的变迁是否得到了更好的满足；城市怎样才能具有足够的吸引力让不同代际的农民工在城市真正安家立业。这一方面需要不断提升农民工的人力资本积累水平，建立并改善其职业内收入增长机制；另一方面在取消城市户籍和农村户籍区别的基础上，进一步深化社会保障制度的普适化、公平化改革恐怕是重中之重。

第 五 篇

结 论

第八章 结论

关于收入决定问题的研究，一直以来都是经济学关注的热门话题。作为发展中国家和经济转型国家来讲，长期以来，有关我国劳动者收入决定问题的研究除了关注人力资本的作用外，更为聚焦的是行业垄断、所有制属性和户籍制度等体制性因素在其中所扮演的角色，但往往忽略了职业流动这一变量对收入决定的重要影响作用。从20世纪90年代以来，随着针对城市户口居民"统包统分"就业制度的取消和阻碍农村劳动力向城市流动的户籍制度的逐步放松，职业流动已成为我国劳动力市场上较为普遍的现象，这从伴随整个转型过程发生的大量"下海潮"、"下岗、再就业"、"民工潮"、"农民工二次流动"及"跳槽"、"辞职"等职业流动事实可为佐证。从微观层面看，职业流动是决定个体劳动者收入增长的一个重要因素，也是提升劳动者经济地位的一个重要途径。同时，微观层面劳动者的职业流动也会给宏观层面的收入分布、收入不平等带来一定的影响。更值得关注的是职业流动水平也是衡量一个经济体劳动力市场竞争程度抑或是分割程度的重要指标之一。由于我国经济体制改革的渐进性特征，我国劳动力市场上的职业流动水平和结构一方面表征了市场机制下劳动力资源优化配置的结果，另一方面也刻着体制性障碍的烙印。因此，本书要研究的核心问题是：职业流动是否对收入决定具有重要的影响作用？这种影响作用在不同的劳动力市场条件下、对不同的群体是否具有差异性？

为全面分析职业流动对收入决定的影响作用，本书将以上的核心问题化为两个层面来论证，即主要劳动力市场上的职业流动及其对收入决定的影响作用和次要劳动力市场上的职业流动与收入效应分析。并重点通过以下四个子问题进行不同维度的研究：（1）职业流动与行业收入决定差异分析；（2）职业流动与农民工收入增长分析；（3）职业流动与性别工资差异分析；（4）职业流动、留城意愿与农民工代际差异及趋势分析。本书首先对国内外有关职业流动与收入决定的理论研究和实证进展进行了梳理，考察并评述了国内文献对该问题的研究进展情况，发现无论是从理论解释还是实证层面都还存在进一步拓展的空间。据此，本书的第四章至第七章基于我国劳动力市场的事实及体制性特点，运用劳动力市场分割理论和新古典理论分析范式，并分别以城镇居民和农民工两大群体作为分析对象，通过构建相应的计量模型和实证分析，探讨了不同劳动力市场条件下，职业流动对收入决定的影响作用。在以上实证分析的基础上，本书得到了相应的结论与政策启示。最后，我们对本书的结论进行了总结，并提出不足之处与今后的研究展望。

第一节 主要研究结论

总体来说，本书的研究结论可以归结为：职业流动对收入决定具有重要的影响作用，但在不同的劳动力市场条件下对收入决定的影响作用存在显著差异。竞争充分的市场条件会使职业流动对劳动者收入获得的影响作用凸显，而市场分割则使职业流动对收入决定的影响作用受到显著扭曲。

以普遍关心的行业差距来分析城镇居民的收入决定问题，我们发现国有垄断部门与其他部门间还存在明显的市场分割特征；体制性的因素使得不同层级间的职业流动不对称、不自由，垄断因素本身对行业收入决定的关键性作用需要借助所有制因素及其与经济政策相互渗透而产生的体制性流动障碍才得以发挥；职业流动不能更好地发挥缩小行业间收入差距的作用。

以农民工流动问题来研究其收入决定问题，我们发现农民工职业流动具有以"迁移型职业流动"为主要形式和流动频繁的特征；迁移型职业流动（城市流动）可能是农民工规避职业内收入增长机制缺失而带来的人力资本回报在一个城市（地区）定格化的有效方式；农民工在其所处的城市次要劳动力市场内的职业流动行为及其经济后果吻合职业匹配模型与在职搜寻模型对于职业流动与收入增长关系的理论假说；但是由于户籍的人为限制，城市户籍所承载的社会福利等一系列的附加值，始终是阻碍农民工市民化的最大障碍，这也导致该群体的职业流动具有追求即期工资收入最大化的"短视化"色彩，而女性农民工在该过程中遭遇了城市融入和性别问题的双重歧视。农民工所具有的职业流动频繁的特征及依赖于职业流动来改变其收入水平的倾向性并不存在显著的代际差异,也没有随着时间的推移有本质的改变。

具体来说,研究结论体现为以下四点:

(1) 职业流动与行业收入决定差异分析。本书运用劳动力市场分割理论的分析范式,通过考察行业间流动的外在表现、行业之间的收入差距、影响劳动者职业流动的体制性和经济性因素及伴随职业流动的收入水平变化四个层次的分析,发现垄断行业和竞争行业、国有部门和非国有部门间并不存在自由、对称的流动。影响国有垄断行业职业流动的因素主要体现为体制性特征,且其与其他行业间的收入差距明显,表明该行业与其他部门存在明显的体制性分割特征;而对于非国有垄断行业来说,非经济性因素对其影响非常有限,虽然该行业和竞争行业间仍存在工资差距,但并不足以证明其与竞争行业存在市场分割。竞争行业内部同样存在收入差距,影响国有部门和非国有部门间流动的因素体现出更偏向市场竞争性因素的特征,表明市场化的改革推动了市场机制在竞争行业的资源配置作用。但是国有部门和非国有部门间的福利待遇等非工资性收入差距仍是阻碍劳动者进行自由流动的改革难点。在该分割判定结果的基础上,职业流动对不同行业及其子市场收入决定影响作用的研究发现,职业流动对不同行业收入决定机制具有不同的影响作用,在工资方程中加入不区分流动类型的单纯职业流动变量无法甄别其对两个行业不同的收入影响效应;当区分同行业和跨行业职业流动类型后发现职业流动的收入决定作用具有显著的行业异质性和所有制性质异质性,且在国有垄断行业最为显著;区分自愿流动和被动流动的分析进一步验证了这一结论:无论以何种形式离开国有垄断行业,劳动者的收入水平都受到了显著的损失,一直留在国有垄断行业的劳动者获得了较高的收入溢价。但行业属性对非国有垄断行业影响有限;竞争行业中则只有被动流动的劳动者受到了显著的收入损失。结果表明,垄断因素本身对行业收入决定的关键性作用需要借助所有制因素及其与经济政策相互渗透而产生的体制性流动障碍才得以发挥。这种不同层级间具有的不平等的职业流动特征使得职业流动不能充分地发挥缩小行业间收入差距的应有作用。

(2) 职业流动与农民工收入增长分析。利用 2008 年 CHIP 数据中的移民数据,从农民工整体的职业流动特征出发研究职业流动对流动就业农民工的收入增长作用。研究发现，农民工在职业流动的时候往往伴随发生了城市流动。在本书中，有职业流动经历的农民工总体中38%为单纯的当地型职业流动，62%为伴随变换城市的迁移型职业流动。而决定这两类流动者收入增长的因素存在差异：受教育程度对当地职业流动者的影响更为重要，教育水平越高越有利于其获取高收入增长；而具有经验和专有人力资本积累的农民工通过迁移型职业流动更可能获得较高收入增长。进一步考察城市流动对流动农民工整体的收入增长效应时，发现简单地变换城市变量无法准确衡量其对流动就业农民工的额外收入增长效应。区分不同方向的城市流动发现：农民工从西部地区城市流出和从中部地区城市流动到东部城市均显著有利于农民工职业流动者的收入增长，并均在1%水平上显著。相反，从中、东部地区城市流动到西部地区城市会显著降低其收入增长水平。城市流动对流动就业农民工的收入增长起着至关重要的作用。当我们分析农民工在城市劳动力市场的流动情况时，不应割裂这两个特征，仅从其中的一个维度研究农民工的就业流动行为时，无疑会因忽略了另外一个行为及其收入增长效应而使结果有所偏误。从本书所得的分析结论中，我们发现农民工频繁的职业流动行为与伴随发生的城市流动行为并不是农民工盲目的表现，相反，这恰恰反映了农民工为争取更高收入水平的理性而又无奈的行为。农民工所处的城市低端劳动力市场是一个竞争较充分的劳动力市场，在这个市场内，农民工的职业流动行为及其经济后果更符合工作搜寻理论和职业匹配理论对于职业流动收入增长效应的理论解说。

(3) 职业流动与收入效应的性别不平等差异分析。以农民工群体为例，对该问题进行研究发现，农民工整体具有较高的职业流动倾向性，其中58%的男性农民工和52%的女性农民工经历过职业流动。实证结果表明，不同类型的职业流动具有不同的收入效应；相同的职业流动行为，收入效应的性别差异显著。工作原因、家庭原因两类主动流动均显著提高了男性农民工的后续收入水平；虽然女性农民工具有更高的工作原因主动流动倾向，但其从中获得的收入回报明显弱于男性，家庭原因主动流动反而降低了其后续收入水平；单位原因被动流动显著降低了男性农民工的后续收入水平，但对女性农民工影响不显著。从在职搜寻工作行为视角考察农民工职业流动动机，同样发生了显著的性别差异。以往工作原因的主动流动显著提高了男性在目前工作中在职搜寻行为的发生，体现出男性前后职业流动行为的一致性和清晰的流动轨迹；之前工作原因主动流动所带来的显著的正向收入效应使得男性农民工在以后的工作中有更高的动机进行相应的在职搜寻，并从中获益；对女性来说，在职搜寻行为容易受家庭因素的影响，以往职业流动行为与目前在职搜寻工作行为之间的相关关系不显著。一定程度上表明女性农民工的职业流动更具有随机性，流动轨迹不清晰。因此很难从之前的行为中预测其后续的行为，其流动诉求往往也容易被忽视。基于此，为实现农民工适度流动和稳定就业，除重视其共同诉求外，性别差异的异质性因素更不应被忽视。

（4）职业流动与农民工收入决定的代际差异与趋势。利用能分别说明"民工潮"和"民工荒"条件下农民工劳动供给和城市劳动力市场对农民工需求特征的2002年和2008年实施的两轮城镇住户收入调查数据中的城市移民数据，从"代际"视角和"时点"视角对两代农民工的职业流动与其工资收入决定、留城意愿进行比较分析。回归结果表明，农民工在城市劳动力市场上所具有的较为频繁的职业流动这一特征，并没有随时间的推移而发生本质的改变，两代农民工依赖职业流动来提升其收入水平的这一特征也没有明显改变。具体来看，新生代农民工尤其是2008年的新生代农民工具有更高的教育水平，但其教育回报率并不存在显著的代际差异，也没有随时间而"水涨船高"；两代农民工均倚重于职业流动来提高其收入水平，在2008年表现得更为突出；两代农民工在两个调查年度均表现出很高的留城意愿；影响农民工留城意愿的因素主要表现为时点差异而非代际差异；迁移型职业流动不利于2008年新生代农民工留城意愿的提高；除城市可提供的收入水平外，养老、医疗等社会事业的发展水平是影响农民工整体是否留在城市的重要因素。社会保障制度的普适化和公平化改革是我国推进城市化建设所必须面临的关键问题，也是最终解决农民工问题的核心所在。

第二节　政策启示与建议

尽管我们分别以城镇居民和农民工两大群体作为分析对象，并以劳动力市场分割理论和新古典理论分析范式，在不同劳动力市场条件下以职业流动的视角对收入决定问题进行了典型研究，但通过研究结论我们可以得到具有某些共性的政策启示。

首先，经济体制改革并不必然意味着可以形成公平、统一的劳动力市场和竞争性的市场经济体制。市场分割会使职业流动对劳动者收入获得的影响作用受到扭曲，我国的劳动力市场改革还有待进一步完善。提高居民的收入水平，尤其是增加其工资性收入水平、消除居民间的收入差距，离不开职业流动对于劳动力资源优化配置作用的进一步发挥。从这个角度讲，消除各子市场之间职业流动不平等的"诱因"是解决子市场间的收入差距的根本道路，而打破劳动力市场间的职业流动障碍必须制度先行，即消除制度障碍、打破垄断、深化国有企业的产权改革、有效监督国有部门的收入决定机制。其中，缩小社会保障水平和福利待遇的部门间差异和群体间差距无疑是消除职业流动障碍的必由之路。

其次，在市场竞争充分的条件下，职业流动是提高劳动力资源配置的一种有效方式。但目前农民工的这种职业流动行为还处于较低层面并具有无奈的色彩，反观农民工过于频繁的"候鸟式"流动行为，本质上还是农民工为了规避其在某一项工作或者某一个城市劳动力市场价格的定格化，且在非货币性收入方面无法实现市民同等待遇的"短视化"行为的结果，即追求即期收入水平的最大化。从长期来看，并不利于该群体真正地融入城市生活，也不利于新型城市化建设的早日实现。因此，消除二元结构，规范用工合同，提高农民工的就业质量和关注农民工平等的劳动权利、实现社会保障、福利制度的普遍覆盖很重要。针对农民工逐步建立和完善长期有效的职业内收入增长机制，并纳入城镇居民收入增长体系中，使其经验积累得到有效回报，努力实现同城待遇，将更有助于农民工城市就业的稳定。

再次，虽然目前我国的户籍制度已逐步放松，使农民工获得了更多的留城机会，但是农民工制度性的身份始终是阻碍其进入城市主要劳动力市场的一大障碍。我们发现，农民工变换所有制性质和行业对农民工收入增长的轨迹影响不显著，这在一定程度上佐证了农民工处于城市劳动力市场中的次要劳动力市场的现实：在次要劳动力市场上，收入水平取决于工作竞争，个性特征和生产率水平相同的劳动者不会因为所处的行业和所有制性质不同而差异显著；同时也意味着，农民工很难进入垄断型的国有企事业单位中，即便进入也很难享受到体制内待遇和同城居民待遇。因此，规范用工合同及背后的福利待遇，提高农民工的就业质量和关注农民工平等的劳动者权利非常重要。从本质上来讲，进一步放开户籍束缚是解决这一问题的根本之路。

最后，我们认为在关注农民工频繁流动行为的同时，不应忽视该群体内的性别异质性诉求，以免女性农民工步入频繁流动和收入无法增加的恶性循环中而处于更为劣势的地位。当然这要依赖于农民工市民待遇的推进和相关保障制度的进一步完善，尤其是相关制度对于女性农民工的进一步关注。比如女性农民工权益保障制度、就业制度以及《劳动法》和《劳动合同法》等的完善和普及，以确保女性农民工免受城市融入和性别问题双重歧视。同时，我们也不应因为新生代农民工在城市中的发展与市民化问题的紧迫性，而淡化对第一代农民工在城市中生存和工作问题的关注。

第三节 研究不足与展望

本书以城镇居民和农民工两大群体为分析对象，分别从职业流动与行业收入决定、农民工职业流动与其收入增长效应及职业流动与收入效应的性别不平等差异三个层面从职业流动的视角对收入决定问题进行了不同的研究，但由于笔者水平和精力有限，还有许多问题值得进一步拓展讨论，在分析方法和分析手段上也还有很多可改进的地方。

第一，本书分别以城镇居民和农民工为研究对象，并分别从劳动力市场分割理论分析范式与新古典理论的分析范式，对城市主要劳动力市场上职业流动、行业收入决定差异问题、城市次要劳动力市场上职业流动的收入增长效应与收入效应的性别差异进行了典型性的研究。由于研究视角和研究层次具有差异性，本书没有构建职业流动与收入决定的一般化理论与运行机制，而是围绕职业流动对收入决定的影响作用这一主题，针对不同层次的分析加强了相应的理论分析，并将相关理论与中国实际进行融合，通过建立相应的计量模型，在各章中分别进行了实证研究和检验，当然，这种典型性的实证研究在行文结构的整体布局上存在一定的缺憾。

第二，本书在研究职业流动与行业收入决定差异问题时，使用的数据为2002年实施的城市劳动力市场研究专项数据。该数据调查了劳动者从1996年初到2001年年底的职业流动经历及相关信息，因此更适合分析我国对国有企业进行大力改革背景下，劳动力市场发生变革所表现出的外在的流动特征与不同行业、部门收入决定机制的差异。由此得出的关于城镇户籍居民层面职业流动与收入决定的相关结论具有当时的时代背景特征，但是否与当前我国劳动力市场的状况完全相符，还有待于使用更新和更合适的数据进行纵向比较和进一步的验证。

第三，本书考察职业流动与收入增长以及职业流动收入效应的性别差异时，以农民工为研究对象，并控制了详细的合同类型。但是在研究城镇居民职业流动与收入决定相关问题时，由于数据的限制，只控制了是否签订合同，而无法考虑具体的合同类型。这为本书留下了可待进一步拓展的空间：首先，合同类型是判断劳动者是否进入了"内部劳动力市场"的有力证据，不同的合同类型背后一般表征着不同的福利待遇，同时也直接影响着劳动者的收入水平及职业上升通道；其次，不同类型的合同对劳动者与用人单位间的依存关系形成的约束强弱关系不同，从而使劳动者具有不同的流动频率和工作稳定性。反过来，职业流动作为人力资本积累的一种形式，其流动意愿与人力资本积累及收入水平有很强的相关关系。这样，用工合同与职业流动之间便具有了复杂的相关关系，厘清合同类型与职业流动之间的深层关系，对于更科学准确地分析职业流动与收入决定关系很有必要。另外，对于完善劳动力市场机制、稳定就业和提升劳动者整体人力资本积累也具有重要的意义。

第四，本书分别以城镇居民和农民工两大群体为研究对象，从不同层面分析了职业流动与收入决定的相关问题。很明显，虽然户籍制度的逐步放松，更有利于城市统一劳动力市场的形成，但是到目前为止，城镇居民与农民工仍然分别处于城市劳动力市场的不同层级，跨越层级的流动非常困难，尤其是从低层级的劳动力市场流动到高层级的劳动力市场尤为困难。本书通过分别对城镇居民与农民工不同的职业流动与相应的经济后果进行实证分析，间接地比较了二者的差异及城市劳动力市场的二元特征，但没有将二者放在同一个分析框架中，更直接地比较分析职业流动对城镇居民和农民工收入决定作用的异质性特征与深层原因，是存在遗憾的。因此，无论是从理论层面还是实证方面，对于这一问题的分析，还有进一步拓展的必要。

参考文献

[1] Abbott, Michael G. and Charles M. Beach, "Wage Changes and Job Changes of Canadian Woman", *Journal of Human Resources*, Vol. 29, No. 2, 1994.

[2] Andrietti, V., "Occupational Pensions and Interfirm Job Mobility in the European Union: Evidence from the ECHP Survey", *CeRP Working Paper*, No. 5, 2001.

[3] Andrietti, V., "Pension Choices and Job Mobility in the UK", *Economics Working Papers*, Universidad Carlos Ⅲ, Madrid, 2004.

[4] Bartel, Ann P. and George J. Borjas, "Specific Training and Its Effects on the Human Capital Investment Profile", *Southern Economic Journal*, No. 44, 1977.

[5] Bartel, Ann P., "The Migration Decision, What Role Does Job Mobility Play?", *American Economic Review*, Vol. 69, 1979.

[6] Bartel, Ann P., "Earnings Growth on the Job and Between Jobs", *Economic Inquiry*, Vol. 18, 1980.

[7] Bartel, Ann P. and George J. Borjas, "Wage Growth and Job Turnover: An Empirical Analysis", In *Studies in Labor Markets*, Edited by S. Rosen. Chicago: University of Chicago Press, 1981.

[8] Becker, Gary S., "Investment in Human Capital: A Theoretical Analysis", *Journal of Political Economy*, Vol. 70, 1962.

[9] Ben Jann, "Comment: Earnings Returns to Education in Urban China: A Note on Testing Differences Among Groups", *American Sociological Review*, Vol. 70, No. 5, October 2005.

[10] Bernhardt, Annette D., Martina Morris, Mark S. Handcock and Marc A. Scott, *Divergent Paths: Economic Mobility in the New American Labor*

Market, NY: Russell Sage Foundation, 2001.

[11] Birgitta Rabe, "Occupational Pensions, Wages and Job Mobility in Germany", *Scottish Journal of Political Economy*, Vol. 54, No. 4, September 2007.

[12] Black, Matthew, "Pecuniary Implications of On – the – Job Search and Quit Activity", *Review of Economics and Statistics*, Vol. 62, No. 3, May 1980.

[13] Blumen, Isadore, Marvin Kogan, and Philip J. McMarthy, *The Industrial Mobility of Labor as a Probability Process*, Ithaca, NY: Cornell University Press, 1955.

[14] Blaug, Mark, "The Empirical Status of Human Capital Theory: A Slightly Jaundiced Survey", *Journal of Economic Literature*, Vol. 14, September 1976.

[15] Boeri, Tito and Flinn, Christopher J., "Returns to Mobility in the Transition to a Market Economy", *Journal of Comparative Economics*, Vol. 27, No. 1, 1999.

[16] Borjas, George J. and Sherwin Rosen, "Income Prospects and Job Mobility of Younger Men", *Research in Labor Economics*, Vol. 3, 1980.

[17] Borjas, George J., "Job mobility and Earnings over the Life Cycle", *Industrial and Labor Relations Review*, Vol. 35, 1981.

[18] Bosch, M. and W. Maloney, "Gross Worker Flows in the Presence of Informal Labor Markets: Evidence from Mexico, 1987 – 2002", *IZA Discussion Paper* 2864, Bonn, 2007a.

[19] Bosch, M. and W. Maloney, "Comparative Analysis of Labor Market Dynamics Using Markov Processes: An Application to Informality", *IZA Discussion Paper* 3038, Bonn, 2007b.

[20] Boston, T. D., "Segmented Labor Market: New Evidence From a Study of four Race – Gender Groups", *Industrial and Labor Relations Review*, 1990.

[21] Brett, Jeanne M. and Linda K. Stroh, "Jumping Ship: Who Benefits From an External Labor Market Career Strategy?", *Journal of Applied Psychology*, Vol. 82, 1997.

[22] Burdett, Kenneth, "A Theory of Employee Job Search and Quit Rates", *American Economic Review*, Vol. 68, No. 1, March 1978.

[23] Cain, G. G., "The Challenge of Segmented Labor Market Theories to Orthodox Theory: A Survey", *Journal of Economic Literature*, Vol. 14, No. 4, 1976.

[24] Carmen Pages and Marco Stampini, "No Education, No Good Jobs? Evidence on the Relation between Education and Labor Market Segmentation", *Inter – American Development Bank*. Working Paper 627, 2007.

[25] Chen, Yi, Sylvie Demurger and Martin Fournier, "Earnings Differentials and Ownership Structure in Chinese Enterprises", *Economic Development and Cultural Change*, Vol. 53, No. 4, 2005.

[26] Crossley, T., Jones, S., Kuhn, P., "Gender Differences in Displacement Costs: Evidence and Implications", *The Journal of Human Resources*, Vol. 29, 1994.

[27] Devine, Theresa J. and Nicholas M. Kiefer, *Empirical Labor Economics: The Search Approach*, New York: Oxford University Press, 1991.

[28] Dickens, William and Lang, Kelvin, "A Test of Dual Labor Market Theory", *American Economic Review*, Vol. 75, 1985.

[29] Dickens, William and Lang, Kelvin, "A Goodness of Fit Test of Dual Labor Market Theory", *NBER Working Paper*, USA: National Bureau of Economic Research Cambridge, 1987.

[30] Dickens, William and Lang, Kelvin, "The Re – emergence of Segmented Labor Market Theory", *American Economic Review*, Vol. 78, May 1988.

[31] Dickens, William and Lang, Kelvin, "Labor Market Segmentation Theory: Reconsidering the Evidence", *NBER Working Paper* ($w4087$), USA: National Bureau of Economic Research Cambridge, 1992.

[32] Disney, R. and Emmerson, C., "Choice of Pension Scheme and Job Mobility in Britain", *IFS Working Paper*, No. 9, 2002.

[33] Doeringer, P. B. and M. J. Piore, *Internal Labor Markets and Manpower Analysis*, Lexington, MA: D. C. Health, 1971.

[34] Duryea, S. G. Marquez, C. Pages and S. Scarpetta, "For Better or for

Worse? Job and Earnings Mobility in Nine Middle and Low – Income Countries", In Brookings Trade Forum 2006, Washington DC.

[35] Duryea, S. G. Marquez, C. Pages and S. Scarpetta, "Jobs and Earnings Mobility in A Sample of Developing and Emerging Economies", *The IZA Discussion Paper*, 2007.

[36] Dwyer, Rachel E., "Downwards Earnings Mobility after Voluntary Employment Exits", *Work and Occupations*, Vol. 31, 2004.

[37] Edward Funkhouser, "Demand – Side and Supply – Side Explanations for Barriers to Labor Market Mobility in Developing Countries: The Case of Guatemala", *Economic Development and Cultural Change*, Vol. 45, No. 2, January 1997.

[38] Edward Funkhouser, "Mobility and Labor Market Segmentation: The Urban Labor Market in EI Salvador", *Economic Development and Cultural Change*, Vol. 46, No. 1, October 1997.

[39] Emilia Del Bono, Daniela Vuri, "Job Mobility and the Gender Wage Gap in Italy", *Labor Economics*, Vol. 18, 2011.

[40] Etienne Lalé, "Trends in Occupational Mobility in France: 1982 – 2009", *Labour Economics*, Vol. 19, 2012.

[41] Farber, Henry S., "Job Loss in the United States, 1981 – 2001", *NBER Working Paper*, No. 9707, 2003.

[42] Farber, Henry S., "What Do We Know Job Loss in the United Stated? Evidence from Displaced Workers Survey, 1984 – 2004", *Working Paper*, No. 498, Princeton University, Industrial Relations Section, 2005.

[43] Felmlee, D. H., "Women's Job Mobility Process winthin and between Employers", *American Sociological Review*, No. 47, 1982.

[44] Felmlee, D. H., "The Dynamics of Women's Job Mobility", *Work and Occupations*, No. 11, 1984.

[45] Flinn, Christopher J., "Wages and Job Mobility of Young Workers", *Journal of Political Economy*, Vol. 94, No. 2, 1986.

[46] Garcia, J. I. and Y. Rebollo., "Wage Changes through Job Mobility in Europe: A Multinomial Endogenous Switching Approach", *Centre Working Papers*, No. 70, 2004.

[47] Gerber, Theodore, "Structural Change and Post – Socialist Stratification: Labor Market Transitions in Contemporary Russia", *American Sociological Review*, No. 67, 2002.

[48] Gibbons, R. and L. Katz, "Layoffs and Lemons", *Journal of Labor Economics*, Vol. 9, No. 4, 1991.

[49] Gottschalk, Peter, and Robert Moffitt, "The Growth of Earnings Instability in the U. S. Labor Market", *Brookings Papers on Economic Activity*, Vol. 2, 1994.

[50] Gottschalk, Peter, "Wage Mobility within and between Jobs", *Working Papers in Economics*, Economics Department, Boston College, Chestnut Hill, MA. 2001.

[51] Gottschalk, Peter, and Moffitt, R. , "Trends in the Transitory Variance of Earnings in the United States", *Economic Journal*, Vol. 112, 2002.

[52] Gronau, R. , "The Allocation of Time of Israeli Women", *Journal of Political Economy*, No. 84, 1976.

[53] Guiso, L. , L. Pistaferri and F. Schivardi, "Insurance within the Firm", *CEPR Working Paper* 2793, 2002.

[54] Haltiwanger, J. and M. Vodopivec, "Gross Worker and Gross Job Flows in a Transition Economy: An Analysis of Estonia", *World Bank. Policy Research Working Paper*, 2082. Washington DC, 1999.

[55] Hardill, Irene, *Gender, Migration and the Dual Career Household*, UK: Routledge, 2002.

[56] Hashimoto, Masanori, "Firm – Specific Human Capital As A Shared Investment", *The American Economic Review*, Vol. 71, No. 3, June 1981.

[57] Heckman, J. , "Sample Selection As A Specification Error", *Econometrica*, Vol. 41, 1979.

[58] Heckman, J. and Singer, B. , "A Method for Minimizing the Impact of Distributional Assumptions in Econometric Models for Duration Data", *Econometrica: Journal of the Econometric Society*, 1984.

[59] Heckman, J. , Layne – Farrar, A. and Todd, P. , "Human Capital Pricing Equations with An Application to Estimating the Effect of School-

ing Quality on Earnings", *The Review of Economics and Statistics*, 1996.

[60] Heckman, J. Lochner, L. J. and Todd, P. E., "Earnings Functions, Rates of Return and Treatment Effects: The Mincer Equation and Beyond", *Handbook of the Economics of Education*, 2006.

[61] Heckman, J. Lochner, L. J and Todd, P. E., "Earnings Functions and Rates of Retrun", *Journal of Human Capital*, Vol. 2, No. 1, 2008.

[62] Hersch, Joni and Leslie S. Stratton, "Housework, Fixed Effects and Wages of Married Workers", *Journal of Human Resources*, Vol. 32, No. 2, 1997.

[63] Holmlund, Bertil, "Job Mobility and Wage Growth: A Study of Selection Rules and Rewards", *In Studies in Labor Market Dynamics*, Edited by G. R. Neumann and N. C. Westergard – Neilson. Berlin: Springer – Verlag, 1984.

[64] Hsueh, Sheri and Marta Tienda, "Gender, Ethnicity, and Labor Force Instability", *Social Science Research*, Vol. 25, 1996.

[65] Jacobson, Louis S., LaLonde, Robert L., and Sullivan, Daniel G., "Earnings Losses of Displaced Workers", *The American Review*, Vol. 83, 1993.

[66] Jeffrey J. Yankow, "Migration, Job Change, and Wage Growth: A New Perspective on the Pecuniary Return to Geographic Mobility", *Journal of Regional Science*, Vol. 43, No. 3, 2003.

[67] Jin Li, "Learning in the Labor Market", *Thesis of Massachusetts Institute of Technology*, Jun 11, 2007.

[68] John Knight, and Linda Yueh, "Job Mobility of Residents and Migrants in Urban China", *Journal of Comparative Economics*, Vol. 32, 2004.

[69] Johnson, William R., "A Theory of Job Shopping", *Quarterly Journal of Economics*, Vol. 92, No. 2, 1978.

[70] Jovanovic, Boyan, "Job Matching and the Theory of Turnover", *Journal of Political Economy*, Vol. 87, No. 5, 1979.

[71] Jovanovic, Boyan, "Firm – specific Capital and Turnover", *Journal of Political Economy*, Vol. 87, No. 6, 1979.

[72] Jovanovic, Boyan and Robert Moffitt, "An Estimate of a Sectoral Model of Labor Mobility", *Journal of Political Economy*, Vol. 98, No. 4, 1990.

[73] Kahn, Lawrence M., and Stuart A. Low, "The Relative Effects of Employed and Unemployed Job Search", *Review of Economics and Statistics*, Vol. 64, No. 2, 1982.

[74] Kambourov, Guergui and Iourii Manovskii, "Rising Occupational and Industry Mobility in the United States: 1968 – 1997", *International Economic Review*, Vol. 49, 2008.

[75] Kambourov, Guergui and Iourii Manovskii, "Occupational Mobility and Wage Inequality", *Review of Economics Studies*, Vol. 76, 2009.

[76] Keith Kristen and Abagail McWilliams, "The Wage Effects of Cumulative Job Mobility", *Industrial and Labor Relations Review*, Vol. 49, No. 1, 1995.

[77] Keith Kristen and Abagail McWilliams, "Job Mobility and Gender – Based Wage Growth Differentials", *Economic Inquiry*, Vol. 35, No. 2, 1997.

[78] Keith Kristen and Abagail McWilliams, "The Returns to Mobility and Job Search by Gender", *Industrial and Labor Relations Review*, Vol. 52, No. 3, 1999.

[79] Kerr, Clark, "The Balkanization of Labor Markets", In W. Baake (ed.), *Labor Mobility and Economic Opportunity*, New York: Wiley, 1954.

[80] Kreuger, Alan and Summers Lawrence, "Efficiency Wages and the Inter – Industry Wage Structure", *Econometrica*, Vol. 56, 1988.

[81] Kunze, A., "The Determination of Wages and the Gender Wage Gap: A Survey", *IZA Working Paper*, No. 193, Bonn, 2000.

[82] Leonardi, Marco, "Segmented Labor Markets: Theory and Evidence", *Journal of Economic Surveys*, Vol. 12, No. 1, 1998.

[83] Leonardi, Marco, "Earnings Instability of Job Stayers and Job Changers", *IZA Discussion Papers* 946, Institute for the Study of Labor. Available at: http://ideas.repec.org/p/iza/izadps/dp946.html, 2003.

[84] Ljungqvist, L. and Sargent, T., "The European Unemployment Dilem-

ma", *Journal of Political Economy*, Vol. 106, 1998.

[85] Light, Audrey and Manuelita Ureta, "Early Career Work Experience and Gender Wage Differentials", *Journal of Labor Economics*, Vol. 13, 1995.

[86] Light, Audrey and Kathleen McGarry, "Job Change Patterns and the Wages of Young Men", *Review of Economics and Statistics*, Vol. 80, 1998.

[87] Light, Audrey, "Job Mobility and Wage Growth: Evidence from the NLSY79", *Monthly Labor Review*, Vol. 128, No. 2, 2005.

[88] Long, Larry, *Migration and Residential Mobility in the United States*, New York: Russell Sage Foundation, 1988.

[89] Loprest, Pamela J., "Gender Differences in Wage Growth and Job Mobility", *AER Papers and Proceedings*, Vol. 82, No. 2, 1992.

[90] Lucas, R. and Edward Prescott, "Equilibrium Search and Unemployment", *Journal of Economic Theory*, Vol. 7, No. 2, 1974.

[91] Magnac, T., "Segmented or Competitive Labor Markets", *Econometrica*, Vol. 59, 1991.

[92] Maloney, W. F., "Does Informality Imply Segmentation in Urban Labor Market? Evidence from Sectoral Transition", *Mexico World Bank Economic Review*, Vol. 13, No. 2, 1999.

[93] Manning, A. and Swaffield, J., "The Gender Gap in Early-Career Wage Growth", *The Economic Journal*, Vol. 118, 2008.

[94] Marco Leonardi, "Earnings Instability of Job Stayers and Job Changers", *IZA Discussion Paper*, No. 946, December 2003.

[95] McCall, J. J., "Economics of Information and Job Search", *Quarterly Journal of Economics*, No. 84, 1970.

[96] McCormick, B. and Hughes, G., "The Influence of Pensions on Job Mobility", *Journal of Public Economics*, Vol. 23, 1984.

[97] Mincer, Jacob, "Investment in Human Capital and Personal Income Distribution", *The Journal of Political Economy*, Vol. 66, No. 4, 1958.

[98] Mincer, Jacob, "Wage Changes and Job Changes", In Research in Labor Economics, *A Research Annual*, Edited by Ronald G. Ehrenberg.

Greenwith, Conn. : JAI Press, Vol. 8 (Part A, 1986).

[99] Mortensen D. T., "Wages, Separations and Job Tenure: On-the-Job Specific Training or Matching?", *Journal of Labour Economics*, Vol. 6, No. 4, 1988.

[100] Munasinghe, Lalith and Karl Sigman, "A Hobo Syndrome? Mobility, Wages and Job Turnover", *Labour Economics*, Vol. 11, 2004.

[101] Nelson, Phillip, "Information and Consumer Behavior", *Journal of Political Economy*, Vol. 78, 1970.

[102] O'Connor, James, *The Fiscal Crisis of the State*, NY: St. Martins Press, 1973.

[103] Osberg Lars, R. L. Mazany, "Job Mobility, Wage Determination and Market Segmentation in the Presence of Sample Selection Bias", *The Canadian Journal of Economics*, Vol. 19, No. 2, 1986.

[104] Osterman, Paul, *Securing Prosperity: The American Labor Market: How It Has Changed and What to Do About It*, Princeton University Press, 1999.

[105] Parsons, Donald. O., "Specific Human Capital: An Application to Quit Rates and Layoff Rates", *Journal of Political Economy*, Vol. 80, 1972.

[106] Parsons, Donald O., "Reputational Bonding of Job Performance: The Wage Consequences of Being Fired", *Working Paper*, Ohio State University, December 1989.

[107] Parsons, Donald O., "The Job Search Behavior of Employed Youth", *Review of Economics and Statistics*, Vol. 73, No. 4, 1991.

[108] Pissarides, C., "Loss of Skill During Unemployment and the Persistence of Employment Shocks", *Quarterly Journal of Economics*, Vol. 107, 1992.

[109] Piore, M. J., "The Dual Labor Market: Theory and Implications", In David B. Grusky, ed., *Social Stratification: Class, Race, and Gender in Sociological Perspective*.

[110] Piore, M. J., *An Economic Approach Introductory Comments in Suzanne Berger and His Dualism and Discontinuity in Industrial Societies* (Part

one), New York: Cambridge University Press, 1980.

[111] Polsky, Daniel., "Changing Consequences of Job Separations in the United States", *Industrial and Labor Relations Review*, Vol. 52, No. 4, 1999.

[112] Reich, Maichael, Gordon, David and Edwards, Richard., "A Theory of Labor Market Segmentation", *Americam Economic Review*, Vol. 63, 1973.

[113] Ronald Bachmann, Thomas K. Bauer and Peggy David., "Labor Market Entry Conditions, Wages and Job Mobility", *IZA Discussion Paper*, No. 4965, May 2010.

[114] Rosenbaum, James E., "Tournament Mobility: Career Patterns in A Corporation", *Administrative Science Quarterly*, Vol. 24, 1979.

[115] Royalty, Anne Beeson, "Job-to-Job and Job-to-Nonemployment Turnover by Gender and Education Level", *Journal of Labor Economics*, Vol. 16, 1998.

[116] Russel W. Rumberger and Martin Carnoy, "Segmentation in the US Labour Market: Its Effects on The Mobility and Earnings of Whites and Blacks", *Cambridge Journal of Economics*, Vol. 4, 1980.

[117] Schwartz, Aba, "Migration Age and Education", *Journal of Political Economy*, Vol. 84, 1976.

[118] Schmelzer Paul, "The Consequences of Job Mobility for Future Earnings in Early Working Life in Germany – Placing Indirect and Direct Job Mobility into Institutional Context", *European Sociological Review*, Vol. 28, No. 1, 2012.

[119] Simonetta Longhi and Mark Taylor, "Occupational Change and Mobility Among Employed and Unemployed Job Seekers", *Scottish Journal of Political Economy*, Vol. 60, No. 1, 2013.

[120] Sjaastad, Larry, "The Cost and Returns of Human Migration", *Journal of Political Economy*, Vol. 70, 1962.

[121] Sorm V. and K. Terrell, "Sectoral Restructuring and Labor Mobility: A Coparative Look at the Czech Republic", *Journal of Comparative Economics Elsevier*, Vol. 28, No. 3, 2000.

[122] Stevens, Ann Huff, "Changes in Earnings Instability and Job Loss", *Industrial and Labor Relations Review*, Vol. 55, No. 1, 2001.

[123] Steward, Jay, "Recent Trends in Job Stability and Job Security", *BLS Working Paper*, No. 356, 2002.

[124] Sylvie Demurger, Martin Fournier, 李实:《中国经济转型中城镇劳动力市场分割问题——不同部门职工工资收入差距的分析》,《管理世界》2009年第3期。

[125] Sylvia Fuller, "Job mobility and Wage Trajectories for Men and Women in the United States", *American Sociological Review*, Vol. 73, No. 1, 2008.

[126] Ted Mouw and Arne L. Kalleberg, "Do Changes in Job Mobility Explain the Growth of Wage Inequality Among Men and Women in the United States, 1977-2005", *Social Forces*, Vol. 88, No. 5, 2010.

[127] Thurow, Lester, *Generating Inequality*, NY: Basic Books, 1975.

[128] Tolbert, Pamela S., *Occupations Organizations and Boundaryless Careers*, (pp. 91-107 in the Boundaryless Career), Edited by M. Arthur and D. M. Rousseau. NY: Oxford University Press, 1996.

[129] Topel, Robert H. and Michael P. Ward, "Job Mobility and the Careers of Young Men", *The Quarterly Journal of Economics*, Vol. 107, No. 2, 1992.

[130] Valcour, Monique P. and Pamela S. Tolbert, "Gender, Family and Career in the Era of Boundarylessness: Determinants and Effects of Intra- and Inter-organizational Mobility", *International Journal of Human Resource Management*, Vol. 14, 2003.

[131] Violante, G. L., "Technological Acceleration Skill Transferability and the Rise in Residual Inequality", *Quarterly Journal of Economic Perspectives*, Vol. 117, No. 1, 2002.

[132] Vosko, Leah F., *Rethinking Feminization: Gendered Precariousness in the Canadian Labour Market and the Crisis in Social Reproduction*, Robarts Canada Research Chairholders Series, Robarts Centre for Canadian Studies, New York University.

[133] Von Wachter, T., S. Bender, "In the Right Place at the Wrong Time:

The Role of Firms and Luck in Young Workers Careers", *American Economic Review*, Vol. 96, No. 5, 2006.

[134] Von Wachter, T., S. Bender, "Do Initial Conditions Persist between Firms? An Analysis of Firm – Entry Cohort Effects and Job Losers Using Matched Employer – Employee Data", in *the Analysis of Firm and Employees: Quantitative and Qualitative Approaches*, ed. by S. Bender, J. Lane, K. L. Shaw, F. Andersson, and T. Von Wachter. University Chicago Press.

[135] Wang, Feng and Xuejin Zuo, "Inside China's Cities: Institutional Barriers and Opportunities for Urban Migrants", *The American Economic Review*, No. 89, 1999.

[136] Wilkinson F., *The Dynamics of Labour Market Segmentation*, London: Academic Press, 1981.

[137] Wu Xiaogang and Xie Yu, "Does the Market Pay off? Returns to Education in Urban China", *American Sociological Review*, Vol. 68, No. 3, 2003.

[138] Yang Cao and Chiung – Yin Hu, "Gender and Job Mobility in Postsocialist China: A Longitudinal Study of Job Changes in Six Coastal Cities", *Social Forces*, Vol. 85, No. 4, 2007.

[139] Yankow, Jeffrey J., "Migration, Job Change, and Wage Growth: A New Perspective on the Pecuniary Return to Geographic Mobility", *Journal of Regional Science*, Vol. 43, 2003.

[140] Yi, C. C. and Chien, W., "The Linkage between Work and Family: Female's Employment Patterns in Three Chinese Societies", *Journal of Comparative Family Studies*, Vol. 33, 2002.

[141] Zhao, Yaohui, "Earnings Differentials between State and Non – State Enterprises in Urban China", *Pacific Economic Review*, Vol. 7, No. 1, 2002.

[142] 边燕杰、张文宏:《经济体制、社会网络与职业流动》,《中国社会科学》2001年第2期。

[143] 白南生、李靖:《城市化与中国农村劳动力流动问题研究》,《中国人口科学》2008年第4期。

[144] 白南生、李靖：《农民工就业流动性研究》，《管理世界》2008 年第 7 期。

[145] 柏培文：《就业选择、职业流动与职业成功》，《经济管理》2010 年第 2 期。

[146] 蔡昉、都阳：《户籍制度与劳动力市场制度改革》，《经济研究》2001 年第 12 期。

[147] 蔡昉、都阳：《经济转型过程中的劳动力流动——长期性、效应和政策》，《学术研究》2004 年第 6 期。

[148] 蔡昉、都阳、王美艳：《中国劳动力市场转型与发育》，商务印书馆 2005 年版。

[149] 陈成文、许一波：《当前中国职业流动问题研究综述》，《南华大学学报》2005 年第 3 期。

[150] 陈广汉、曾奕、李军：《劳动力市场分割理论的发展与辨析》，《经济理论与经济管理》2006 年第 2 期。

[151] 陈戈、Sylvie Démurger 等：《中国企业的工资差距和所有制结构》，《世界经济文汇》2005 年第 6 期。

[152] 陈祎、刘阳阳：《劳动合同对于进城务工人员收入影响的有效性分析》，《经济学》（季刊）2010 年第 2 期。

[153] 陈钊、万广华、陆铭：《行业间不平等：日益重要的城镇收入差距成因——基于回归方程的分解》，《中国社会科学》2010 年第 3 期。

[154] 陈婴婴：《职业结构与流动》，东方出版社 1995 年版。

[155] 高颖：《农村富余劳动力的供需变动及分析》，《人口研究》2008 年第 5 期。

[156] 国家统计局：《2009 年农民工监测调查报告》，http://www.stats.gov.cn，2010 年 3 月 19 日。

[157] 国家统计局：《2011 年我国农民工调查监测报告》，http://www.stats.gov.cn，2012 年 4 月 27 日。

[158] 黄乾：《城市农民工的就业稳定性及其工资效应》，《人口研究》2009 年第 3 期。

[159] 黄乾：《工作转换对城市农民工收入增长的影响》，《中国农村经济》2010 年第 9 期。

[160] 黄建新:《农民职业流动:现状、问题与对策》,《重庆工学院学报》(社会科学版)2008年第12期。

[161] 黄建新:《中国农村女性职业流动过程中的不和谐因素分析》,《延安大学学报》(社会科学版)2009年第1期。

[162] 黄建新:《城镇化进程中的农村劳动力职业流动分析》,《厦门理工学院学报》2009年第1期。

[163] 黄晓波:《职业流动的性别差异及其成因探究——以广西为例》,《经济研究导刊》2010年第9期。

[164] 胡浩志、卢现祥:《企业专用性人力资本与员工流动性》,《财经问题研究》2010年第6期。

[165] 胡凤霞、姚先国:《城镇居民非正规就业选择与劳动力市场分割——一个面板数据的实证分析》,《浙江大学学报》(人文社会科学版)2011年第2期。

[166] 简新华、张建伟:《从"民工潮"到"民工荒"——农村剩余劳动力有效转移的制度分析》,《人口研究》2005年第2期。

[167] 蒋美华:《当代中国社会转型过程中女性职业变动的现状审视》,《郑州大学学报》(哲学社会科学版)2009年第1期。

[168] 金玉国:《所有制垄断:转型时期行业工资差异的制度诠释》,《福建论坛》2000年第9期。

[169] 金玉国:《行业所有制垄断与行业劳动力价格》,《山西财经大学学报》2001年第3期。

[170] 金玉国:《工资行业差距的制度诠释》,《统计研究》2005年第4期。

[171] 金玉国、崔友平:《行业属性对劳动报酬的边际效应及其细部特征——基于分位数回归模型的实证研究》,《财经研究》2008年第7期。

[172] 坎贝尔·R. 麦克南、斯坦利·L. 布鲁、大卫·A. 麦克菲逊:《当代劳动经济学》(第七版),人民邮电出版社2006年版。

[173] 李强:《中国大陆城市农民工的职业流动》,《社会学研究》1999年第3期。

[174] 李强、龙文进:《农民工留城与返乡意愿的影响因素分析》,《中国农村经济》2009年第2期。

[175] 李实:《中国农村女劳动力流动行为的经验分析》,《上海经济研究》2001年第1期。

[176] 李实、佐藤宏:《经济转型的代价——中国城市失业、贫困、收入差距的经验分析》,中国财政经济出版社2004年版。

[177] 李长安:《农民工职业流动歧视及及其对收入影响的实证分析》,《人口与经济》2010年第6期。

[178] 李建民:《中国劳动力市场多重分割及其对劳动力供求的影响》,《中国人口科学》2002年第2期。

[179] 李若建:《1990—1995年职业流动研究》,《管理世界》1999年第5期。

[180] 梁雄军、林云、邵丹萍:《农村劳动力二次流动的特点、问题与对策——对浙、闽、津三地外来务工者的调查》,《中国社会科学》2007年第3期。

[181] 刘金菊:《中国城市的职业流动:水平与差异》,《人口与发展》2011年第2期。

[182] 刘林平、万向、张永宏:《制度短缺与劳工短缺——"民工荒"问题研究》,《中国工业经济》2006年第8期。

[183] 刘士杰:《人力资本、职业搜寻渠道、职业流动对农民工工资的影响》,《人口学刊》2011年第5期。

[184] 刘小玄、曲玥:《工资差异的比较及其决定因素——2000—2004年中工业企业的经验研究》,《中国劳动经济学》2008年第1期。

[185] 陆铭:《劳动经济学》,复旦大学出版社2002年版。

[186] 陆德梅:《职业流动的途径及其相关因素——对上海市劳动力市场的实证分析》,《社会》2005年第3期。

[187] 罗楚良、李实:《人力资本、行业特征与收入差距——基于第一次全国经济普查资料的经验研究》,《管理世界》2007年第10期。

[188] 马瑞、邱焕广:《农村进城就业人员的职业流动与收入变化》,《经济社会体制比较》2012年第6期。

[189] [美]明塞尔:《人力资本研究》,中国经济出版社2001年版。

[190] 沈琴琴、张艳华:《中国劳动力市场多重分割的制度经济学分析》,《西安交通大学学报》(社会科学版)2010年第2期。

[191] 石智雷、余驰:《家庭禀赋、人力资本与城乡女性就业流动研

究——来自湖北省的城乡调查数据》,《农业经济问题》2011 年第 12 期。

[192] 宋月萍:《职业流动中的性别差异:审视中国城市劳动力市场》,《经济学》(季刊)2007 年第 2 期。

[193] 苏群、刘华:《农村女性劳动力流动的实证研究》,《农业经济问题》2003 年第 4 期。

[194] 孙琼如:《外来农村妇女职业流动及其影响因素分析——以泉州市流动人口为例》,《市场与人口分析》2007 年第 4 期。

[195] 王春光:《社会流动与社会重构》,浙江人民出版社 1995 年版。

[196] 王春光:《中国职业流动中的社会不平等问题研究》,《中国人口科学》2003 年第 2 期。

[197] 王美艳:《城市劳动力市场上的就业机会与工资差异——外来劳动力就业与报酬研究》,《中国社会科学》2005 年第 5 期。

[198] 王勇明、顾远东、彭纪生:《职业发展视角下的我国高校教师职业流动研究》,《南京农业大学学报》(社会科学版)2007 年第 4 期。

[199] 王忠、李彩燕:《中国行业间工资差距变化及趋势研究》,《财经问题研究》2011 年第 8 期。

[200] 吴克明:《二元劳动力市场理论与大学生自愿失业》,《江苏高教》2004 年第 2 期。

[201] 吴晓刚:《中国职工的择业与流动:变动中的劳动关系透视》,《管理世界》1995 年第 3 期。

[202] 吴晓刚:《1993—2000 年中国城市的自愿与非自愿就业流动与收入不平等》,《社会学研究》2008 年第 6 期。

[203] 吴愈晓、吴晓刚:《城镇的职业性别隔离与收入分层》,《社会学研究》2009 年第 4 期。

[204] 吴愈晓:《劳动力市场分割、职业流动与城市劳动者经济地位获得的二元路径模式》,《中国社会科学》2011 年第 1 期。

[205] 武秀波:《劳动力市场分割条件下大学生就业难的原因分析》,《辽宁大学学报》2004 年第 2 期。

[206] 谢勇:《农民工就业流动的工资效应研究——以南京市为例》,《人口与发展》2009 年第 4 期。

[207] 邢春冰:《不同所有制企业工资决定机制考察》,《经济研究》2005

年第 6 期。

[208] 邢春冰：《经济转型与不同所有制部门的工资决定——从"下海"到"下岗"》，《管理世界》2007 年第 6 期。

[209] 刑春冰：《换工作对收入水平和收入增长的影响》，《南方经济》2008 年第 11 期。

[210] 薛欣欣：《我国国有部门与非国有部门工资决定机制差异的实证研究》，《产业经济评论》2008 年第 1 期。

[211] 严善平：《中国的地区间劳动力流动》，《亚洲经济》1997 年第 7 期。

[212] 严善平：《城市劳动力市场中的人员流动及其决定机制——兼论大城市的新二元结构》，《管理世界》2006 年第 8 期。

[213] 姚洋：《社会排斥和经济歧视——东部农村地区移民的现状调查》，《战略与管理》2001 年第 3 期。

[214] 姚先国、黎煦：《劳动力市场分割，一个文献综述》，《渤海大学学报》（哲学社会科学版）2005 年第 1 期。

[215] 姚俊：《农民工的就业流动研究——基于江苏制造业调查的实证分析》，《经济体制改革》2011 年第 5 期。

[216] 姚俊：《流动就业类型与农民工工资收入——来自长三角制造业的经验数据》，《中国农村经济》2010 年第 1 期。

[217] 叶林祥、李实、罗楚良：《行业垄断、所有制与企业工资收入差距——基于第一次全国经济普查企业数据的实证研究》，《管理世界》2011 年第 4 期。

[218] 尹志超、甘犁：《公共部门和非公共部门工资差异的实证研究》，《经济研究》2009 年第 4 期。

[219] 俞萍：《市场经济中市民职业流动与阶层分化重组的特征》，《社会科学研究》2002 年第 6 期。

[220] 袁志刚：《劳动力市场是分割的吗？——"劳动力市场分割"经验研究文献综述》，《云南财经大学学报》2008 年第 5 期。

[221] 余向华、陈雪娟、孙蚌珠：《中国所有制结构变迁与部门工资差距问题——基于中国微观家计调查数据的实证分析》，《中国软科学》2011 年第 7 期。

[222] 悦中山、李树茁、费尔德曼、杜海峰：《徘徊在"三岔路口"：两

代农民工发展意愿的比较研究》,《人口与经济》2009年第6期。

[223] 岳希明、李实、史泰丽:《垄断行业高收入问题探讨》,《中国社会科学》2010年第3期。

[224] 张春泥:《农民工为何频繁变换工作——户籍制度下农民工的工作流动研究》,《社会》2011年第6期。

[225] 张车伟、薛欣欣:《国有部门与非国有部门工资差异及人力资本贡献》,《经济研究》2008年第4期。

[226] 张晓慧:《两个不同群体职业地位获得的比较研究》,硕士学位论文,上海大学,2002年。

[227] 张昭时:《中国劳动力市场的城乡分割》,博士学位论文,浙江大学,2009年。

[228] 张昭时、钱雪亚:《劳动力市场分割理论——理论背景及其演化》,《重庆大学学报》(社会科学版)2009年第6期。

[229] 张展新:《劳动力市场的产业分割与劳动人口流动》,《中国人口科学》2004年第2期。

[230] 张卓妮、吴晓刚:《农村劳动力迁移与中国工资收入不平等的地区差异:来自2005年全国人口抽样调查的证据》,《人口与发展》2010年第1期。

[231] 赵延东、风笑天:《社会资本、人力资本与下岗职工的再就业》,《上海社会科学院学术季刊》2000年第2期。

[232] 郑路:《改革的阶段性效应与跨体制职业流动》,《社会研究》1999年第6期。

[233] 周蕾:《农民工城镇化的分层路径——基于意愿与能力匹配的研究》,《中国农村经济》2012年第9期。

[234] 周运清、王培刚:《农民工进城方式选择及职业流动特点研究》,《福建论坛》(经济社会版)2002年第6期。

[235] 钟笑寒:《劳动力流动与工资差异》,《中国社会科学》2006年第1期。

[236] 朱农:《离土还是离乡？——中国农村劳动力地域流动和职业流动的关系分析》,《世界经济文汇》2004年第1期。

后　记

当提笔写下后记时，本书也将画上句号。回忆成书过程的甘与苦，文字已很难给予准确还原，唯有撰写本书的初衷基本达成，可些许聊以自慰。基于对我国劳动力市场现实的关切，本书从职业流动的视角研究不同群体的收入决定机制和差异。在我国不同的经济发展阶段及劳动力市场从分割逐步走向融合的进程中，不同劳动群体的职业流动行为表现出不尽相同的特征，进而深刻影响着劳动者的收入增长路径和后续的收入水平。无论是从竞争理论还是从分割理论，这一劳动力市场现象都值得给予深入探究，其背后制度、经济的原因同样应给予必要梳理和解释，进而为目前我国新型工业化和城镇化发展道路提供具有一定参考价值的劳动力市场素材和论证。

本书的前期准备及最终完成得到了国家自然科学基金项目（71273235）、教育部人文社会科学研究青年基金项目（15YJC790069）及浙江工商大学应用经济学研究基地项目（JYTyyjj20140205）的相应资金支持，同时也得到了众多老师、朋友、同学和家人的鼓励及帮助，在此一表示真诚的感谢。并对姚先国教授、何大安教授、郭继强教授、钱雪亚教授、乐君杰副教授、蒋岳祥教授、潘士远教授、曹正汉教授、毛丰付教授在专著和相应论文撰写过程中所给予的指导和提供的建设性修改意见表示特别感谢，当然文责自负。感谢我同门和博士求学阶段的兄弟姐妹及我的家人一路耐心的陪伴，在此不一一列举他们的名字，唯有怀着感恩的心继续前行，才能答谢大家所给予的无私帮助和支持。

笔者认为理论创新始于对现实的揭示和提炼，本书作为抛砖引玉之作，希望能引起相应学者和读者后续拓展性深入研究的兴趣。由于本人学术水平有限，书中可能存在很多不足和纰漏，希望能得到广大专家学者和读者的批评指正。

吕晓兰
2015 年 9 月 29 日
于哈佛大学